品 读 李 白

祁万青　编著

山东大学出版社
SHANDONG UNIVERSITY PRESS
·济南·

图书在版编目(CIP)数据

品读李白/祁万青编著.—济南:山东大学出版社,2024.1
ISBN 978-7-5607-8152-5

Ⅰ.①品… Ⅱ.①祁… Ⅲ.①李白(701-762)－人物研究 Ⅳ.①K825.6

中国国家版本馆 CIP 数据核字(2024)第 014516 号

策划编辑　祝清亮
责任编辑　毛依依

品读李白
PINDU LIBAI

出版发行	山东大学出版社
社　　址	山东省济南市山大南路 20 号
邮政编码	250100
发行热线	(0531)88363008
经　　销	新华书店
印　　刷	济南乾丰云印刷科技有限公司
规　　格	720 毫米×1000 毫米　1/16
	18 印张　4 插页　193 千字
版　　次	2024 年 1 月第 1 版
印　　次	2024 年 1 月第 1 次印刷
定　　价	66.00 元

李白像

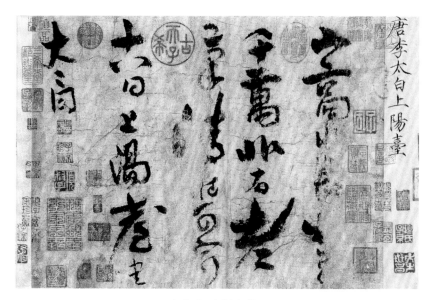

李白书《上阳台帖》

湖北省安陆市白兆山李白雕像

安徽省宣城市敬亭山

宣城市泾县桃花潭

安徽省马鞍山市采石矶

采石矶李白纪念馆

采石矶太白楼(谪仙楼)

安徽省当涂县李白文化园内的李白雕像

当涂县太白祠

当涂县李白墓

序

　　李白是我国古代最伟大的诗人之一。他与杜甫合称"李杜"，为唐代诗坛双子星。李白也是在世界上影响巨大的诗人，为各国人民所喜爱。其人为中国诗人的典范，被万世敬仰，视为偶像；其诗为中国文化的瑰宝，千年流芳，众口相传。李白研究已成显学，研究李白的学术专著、学术论文汗牛充栋，层出不穷，呈现出一派繁荣景象。李白的诗文作为中华优秀传统文化的组成部分，正在为现代文明建设做出新的贡献。

　　相比之下，目前中华优秀传统文化的普及工作却不尽如人意。有些学者对做此类工作不以为意，只愿埋头书斋，钻故纸堆。结果有些人趁机作乱，使得历史虚无主义思想大行其道，历史糟粕沉渣泛起，混淆了人们的视听。与其相反的是，一些大学者却非常重视传统文化的普及与推广。20世纪80年代，我在詹锳教授门下攻读博士学位，亲身领略到詹先生的博学睿智、治学严谨、一丝不苟。他非常重视传统文化的普及宣传工作,指导我们几位弟子编纂学术专著《李白全集校注汇释集评》,同时又指导我们编写了普及丛书《李白诗选译》。他还提出可以用影视、小说、歌舞等形式宣传李白其人其诗。他认为李白之伟大正在于他的深入人心。让李白其人其诗更加广泛流传正是中华优秀传统文化得以传承延续的一项重要工作。

祁万青同志的《品读李白》一书正是应时之作,是适应时代所需、社会所需的一本好书。

本书作者在认真阅读李白的全部诗歌作品及有关历史资料、全面研读学术界关于李白的最新研究成果的基础上,对李白的一生行踪、创作情况做了清晰的描述。难能可贵的是,本书作者亲自追寻李白的足迹,观察李白当时创作诗歌的情景,体悟李白当时的感受,力图还原李白诗歌所表达的思想感情。因此,本书的"品读",具有与众不同的效果。读者可以随同作者一起展开思想的翅膀,体会李白诗歌的深思妙想、个中韵味。正如作者所说:"《品读李白》一书的突出特点就是不以解读李白的诗词作为重点,而是抓住李白的人生坐标,站在唐朝盛世的角度,把握时代脉搏,尊重历史大事件,考量相关史实,对一些当代戏剧、影视剧、传说故事等进行学术探讨、求证,并提出自己的观点。"

本书视角新颖,语言通俗流畅,文笔生动,深入浅出,适合广大读者学习了解李白其人其诗,对于覃思深入进行学术研究探讨者也富有启示作用。

　　作者前几年曾出版过《品读白居易》一书，深受读者好评，而《品读李白》一书则有进一步的提高，相信会更受读者欢迎。

　　手捧书稿，仔细阅读，深得吾心，故乐为之序。

　　　　　　　中国李白研究会原副会长　　陶新民

　　　　　　　　　　　　　　2023 年 8 月 16 日

前　言

　　文化是一个国家、一个民族的精神家园，体现着一个国家、一个民族的价值取向、道德规范、思想风貌及行为特征。优秀传统文化是一个国家、一个民族传承和发展的根本，如果丢掉了，就割断了精神命脉。

　　那么，"传统"与"文化"有什么含义呢？

　　中华优秀传统文化中的"传统"，即传承下来被广泛认可的文化。比如春节来临，全国各地在外打拼的游子都会不约而同地回到家乡，与亲人团聚，这就是"传统"。"文化"就是把静态的文字转化为自觉的、正能量的行动。"文"是静态的，是无声的，是五千多年传承下来的；"化"是动态的，即吸收之后，指导今后的行动。"优秀传统文化"就是用正能量的文化改变自己的行为。

　　中华优秀传统文化是中华五千多年文明的结晶，是中华民族的独特标识。中华文明是四大古文明中唯一没有中断的文明传承,中华民族在长期社会生产、生活实践中产生和形成的优秀传统文化,为中华民族的生息、发展和壮大提供了丰厚的精神滋养。中华优秀传统文化是中华民族的"根"和"魂",是中华民族的力量之源、情感之源、动力之源和自信之源,它为马克思主义在中国生根发芽、茁壮成长提供了不可或缺的文化土壤,是中华民族实现伟大复兴的精神保障和不竭动力。

2023 年 3 月,我国与洪都拉斯建交。在例行记者会上,有记者问到美国对两国建交进行干涉的问题,外交部发言人毛宁以李白的诗句——"两岸猿声啼不住,轻舟已过万重山"作答。简明的回答,取得了非常好的效果,既弘扬了中华优秀传统文化,又让人感到温文尔雅,充分体现了中国外交部发言人的儒雅风度和渊博学识。

在每一个历史时期,中华民族都留下了无数不朽的作品。《诗经》《楚辞》、汉赋、唐诗、宋词、元曲、明清小说等,共同铸就了灿烂的中国文艺历史星河。唐诗无疑是这条"星河"中非常光辉耀眼的"星"。

诗是中华优秀传统文化的典型代表,是美丽语言的化身。唐朝是诗歌创作的辉煌时期,唐诗更是中国文学史上一座不可逾越的高峰。在二百八十九年的唐朝历史中,共有三千二百多位诗人,创作近五万首诗,比西周至南北朝一千六百多年遗存的总和还要多出两三倍。三山五岳九州茫茫缀满联林,大江浩浩前波后浪涌出珍奇。若诗人碰到这些美丽山川,可以让明月如玉、让春山空翠、让乡愁如醉、让江河奔雷。

"床前明月光，疑是地上霜。举头望明月，低头思故乡。"

"日照香炉生紫烟，遥看瀑布挂前川。飞流直下三千尺，疑是银河落九天。"

"君不见，黄河之水天上来，奔流到海不复回。君不见，高堂明镜悲白发，朝如青丝暮成雪。人生得意须尽欢，莫使金樽空对月。天生我材必有用，千金散尽还复来。"

每读到这几首诗，你一定会想起唐代的一位大诗人——李白。

李白、杜甫、白居易等是伟大诗人的代表。李白经历了盛唐时期，目睹了大唐盛世年丰物阜、人民安居乐业的社会状况。

开元盛世到底有多繁荣？杜甫的《忆昔二首》再现了当时的盛况。

忆昔二首·其二（节选）

忆昔开元全盛日，小邑犹藏万家室。

稻米流脂粟米白，公私仓廪俱丰实。

九州道路无豺虎，远行不劳吉日出。

齐纨鲁缟车班班，男耕女桑不相失。

宫中圣人奏云门，天下朋友皆胶漆。

百余年间未灾变，叔孙礼乐萧何律。

想当年开元盛世时，小城就有万户人家。农民丰收，粮食充足，储藏米谷的仓库也装得满满的。社会秩序安定，天下太平，没有寇盗横行，人们随时可以出门远行，不必选什么好日子。当时手工业和商业发达,到处是贸易往来的车辆,行人络绎不绝。男耕女桑,各安其业,各得其所。宫中天子奏响祭祀天地的乐曲,民间百姓互相友善,关系融洽。百余年间,没有发生过大的灾祸,国家昌盛,政治清明,呈现一派太平祥和的景象。

安定祥和的大唐盛世,触发了诗人的灵感。李白思如泉涌,洋洋洒洒写下诗作,有九百九十多首诗歌流传至今,充分展现了诗人非凡的抱负、奔放的激情、豪迈的气概。他的诗歌也集中代表了盛唐诗歌昂扬奋发的典型基调。

《品读李白》一书由八章构成,即"家世不足外人道""八极之表仙气飘""娶妻入赘也坦然""仕途上下苦求索""交友何必论出身""千金散尽还复来""以人为镜汲教训""诗成笑傲凌沧州",每一章又分为若干节段,通过读古籍,品意境,探谜踪,思人生,诠释李白作为伟大的浪漫主义诗人的性格特征、人生得失,探讨他带给我们的有益启示,这就是笔者写作《品读李白》之目的。

《品读李白》一书的突出特点就是不以解读李白诗词作为重点,而是抓住李白的人生坐标,站在唐朝盛世的角度,把握时代脉搏,尊重历史大事件,考量相关史实,对一些当代戏剧、影视剧、传说故事等进行学术探讨、求证,并提出自己的观点,权作笔者的一人之见吧。

李白离开我们已经一千二百多年了,我们不可能再回到那个时代了解李白,但是开卷有益。翻开《品读李白》一书,你就会深切感受到穿越的奇迹:脚步丈量不到的地方,文字能带你走到;你无法到达的时代,文字能带你走近;你无法经历的人生,文字能带你体验。那些书中的人物,会在你深陷生活泥潭的时候,轻声呼唤,用他们心怀梦想、不亢不卑的故事,激励你抵御苦难,勇往直前。如果读者能从中得到一些收获、启示,那将是笔者最快慰的事,也不枉我们撰写李白的故事。

祁万青

2023 年 8 月

目　录

第一章　家世不足外人道

李白（701—762），字太白，号青莲居士，唐代伟大的浪漫主义诗人，被后人誉为"诗仙"，与杜甫并称"李杜"。

那么，李白的家世如何呢？

一、先祖名字叫李暠

关于李白的先祖，李白在自荐表中毫不避讳地强调自己的出身很显赫、很高贵，是西凉武昭王李暠的后代，与现在的皇族出自同一血脉。

《新唐书·李白传》也记载："李白字太白，兴圣皇帝九世孙。其先隋末以罪徙西域，神龙初，遁还，客巴西。"意思是说，李白是兴圣皇帝［即西凉武昭王李暠，唐玄宗于天宝二年（743）追尊其为兴圣皇帝］第九代孙。他的祖先于隋朝末年因为犯罪被流放到西域，神龙初年，他的族人从西域逃回来，客居于巴西(在今四川)。

李暠(351—417),字玄盛,小字长生,陇西成纪人,自称西汉飞将军李广十六世孙,十六国时期西凉开国国君,为唐朝皇室认定的先祖。李暠出身陇西李氏,少时十分好学,特别擅长文辞。北凉神玺元年(397),李暠被授为效谷县令,后升为敦煌太守;北凉天玺二年(400),李暠自称凉公,改元"庚子",建立西凉政权,以敦煌为都城,疆域广及西域;西凉庚子六年(405),李暠改元"建初",遣使奉表东晋,并迁都酒泉;建初十三年(417),李暠去世,享年六十七岁,谥号武昭王,庙号太祖,葬于建世陵。

唐天宝二年(743),李暠十一世孙唐玄宗李隆基追尊其为"兴圣皇帝"。

李暠是一位很有作为的皇帝,在政治上,以"诸事草创,仓帑未盈,故息兵按甲,务农养士"为指导思想,努力做到知人善任,积极纳谏,执法宽简,赏罚有信;在文化上,广开言路,重视儒学,珍惜人才,积极振兴文化教育,当时好多文人名流都投靠于他,如政治家宋繇、教育学家刘昞等,他们都得到了李暠的重用,出现了以敦煌为中心的"五凉文化"的兴盛时期;在教育上,李暠为振兴文教,培养儒士,修建设立学校,增收富贵人家学生五百人,并在各郡设置五经博士,负责传授经学,文风一时大兴。

通过上述记载可知,李白和唐朝皇室为同一位先祖,但李白为西凉武昭王李暠的后代这一点,始终没有被李唐皇家所承认。

关于一些历史名人的家世、所在地之争,很早就开始了。关于名人的家世,有白居易自称是白起的后代,刘禹锡自称是中山靖王之后、刘备的宗亲。关于名人所在地之争,则有诸葛亮出山前的躬耕处卧龙岗,到底是在湖北襄阳还是河南南阳。清朝顾嘉蘅在担任南阳太守时,就在诸葛亮草庐写下对联:"心在朝廷,原无论先主后主;名高天下,何必辨襄阳南阳。"

另外也有关于地点之争,如杜牧《清明》:"清明时节雨纷纷,路上行人欲断魂。借问酒家何处有,牧童遥指杏花村。"该"杏花村"在何处?我们知道,杜牧一直在长江流域活动,牧童知道的酒家路程应该不会太远,因此杜牧诗中的"杏花村"绝非山西的杏花村。

《新唐书·李白传》记载李白是兴圣皇帝九世孙,唐玄宗是兴圣皇帝十一世孙,论辈分李白比李隆基高两辈,李隆基应该称李白为爷爷。同为李暠后人,按理李白应该受到重用,并依此获得官职,但纵观李白的仕途生涯,用"颠沛流离"这个词来形容最为合适,李白并没有因为是李暠的后代而得到好处。

陈寅恪先生在《李太白氏族之疑问》一文中,认为李白的先祖不是李暠,主要依据是天宝元年(742)唐玄宗下诏将"绛郡、姑臧、敦煌、武阳等四房子孙,并宜隶入宗正,编诸属籍",却未将李白这一支纳入族谱。

唐朝宣、歙、池等州观察使范传正在《唐左拾遗翰林学士李公新墓碑并序》中记述:"隋末多难……流离散落,隐易姓名。故自国朝已来,漏于属籍。"这段话表明,李白的祖辈由于国家动乱,流离失所,与家族失去了联系,唐朝建立后,族籍已被遗漏。

李阳冰是李白的族叔,李白就是在他家里染病去世的,可以说对李白的先祖,李阳冰最为清楚,也最有发言权。李阳冰在他撰写的《草堂集序》中明确指出李白为"凉武昭王暠九世孙";范传正的父亲范伦与李白常有诗文来往,在范传正的主持下,李白的墓从龙山迁至青山,范传正在他撰写的《唐左拾遗翰林学士李公新墓碑并序》中记述李白为"凉武昭王九代孙也";《新唐书·李白传》也记载:"李白为兴圣皇帝九世孙。"由此看来,李白有可能是李暠的后代。至于天宝初年没有将李白一支编诸属籍,抑或还有其他背景。

二、父亲名字叫李客

关于诗仙李白的家世和身世,唐代时人们就不甚了解,特别是对其祖父、曾祖父,史料无一记载。李白自己也很少谈及家世,偶有提及,也往往只提远祖,不言近亲,闪烁其词,故布疑阵。尽管如此,还是有人从历史的尘幕中看出了蛛丝马迹。

李客是诗仙李白的父亲,其生平事迹没有准确记载,生卒年月也不详。

范传正在《唐左拾遗翰林学士李公新墓碑并序》中记述:

> 隋末多难,一房被窜于碎叶,流离散落,隐易姓名。故自国朝已来,漏于属籍。神龙初,潜还广汉。因侨为郡人。父客,以逋其邑,遂以客为名。高卧云林,不求禄仕。

这段话的意思是：隋朝末年，国家多难，李白的先辈被放逐到碎叶城后流离失所，便隐姓埋名生活，所以自本朝以来被宗室谱籍遗漏。神龙初年，其父秘密回到广汉，迁居成为广汉人。李白的父亲因客居广汉郡，就改以李客为名，隐居于山野林间，不追求居官食禄。

那么，李白的父亲是做什么的呢？

《旧唐书·李白传》记载："父为任城尉，因家焉。"意思是说，因为父亲李客在任城做县尉，于是就把家安在了任城。

李客究竟何年为任城尉的，史料没有记载。有学者认为，李客是通过捐钱得到任城尉这一官职的。

据史料记载，在唐朝捐钱买官是需要很大一笔资金的，这些钱从何处来呢？

李客在做任城尉前主要从事什么职业，史书上也很难查到，主要原因是李白在自己的诗文中从不提及自己的祖父及父亲，只强调家族有显赫的远祖。李白去世五十五年后，他父亲李客的名字才出现在范传正撰写的《唐左拾遗翰林学士李公新墓碑并序》中。

下面我们通过专家、学者的考证分析，来揭开李白父亲从事何种职业这一神秘的面纱。

20世纪30年代，陈寅恪先生在《李太白氏族之疑问》一文中指出"其（李白）父之所以名客者，殆由西域之人其名字不通于华夏，因以胡客呼之"。李白父亲为富商之说多是受陈寅恪此说之影响而形成的。

40年代,李白研究专家詹锳先生在《李白诗论丛》一书中指出:"白之家世或本胡商,入蜀以后,以多货渐成豪族。"

60年代初,人民出版社编辑麦朝枢先生在《李白的经济来源》一文中具体阐述了李白的父亲是走私商人,其根据是绵州盛产盐铁,而盐铁是对外贸易的违禁品,因而李客通过走私盐铁成了富商。

70年代初,郭沫若先生在《李白与杜甫》一书的《李白出生于中亚碎叶》一文中十分肯定地说:"李客必然是一位富商⋯⋯他家的商业范围是相当宽广的,不仅超出了绵州,而且超出了四川。"

李白的第二故乡剑南道绵州昌明县是著名的盐铁产地,贩运盐铁,在当时利润很高。杜甫有诗为证:

盐井

卤中草木白,青者官盐烟。官作既有程,煮盐烟在川。

汲井岁搰搰,出车日连连。自公斗三百,转致斛六千。

君子慎止足,小人苦喧阗。我何良叹嗟,物理固自然。

诗中"自公斗三百,转致斛六千"的意思是:官府所卖之盐每斗三百钱,而到商人卖出时则每斛六千钱,每斗盐增加了三百钱。足见买卖食盐获利较多。

另外,李白在他的《秋浦歌十七首·其十四》中有"炉火照天地,红星乱紫烟"的诗句,这描写的便是炼铁的场景。

炉火照天地,红星乱紫烟。

赧郎明月夜,歌曲动寒川。

意思是:炉火照彻天地,红星四溅,紫烟升腾。在明月之夜,炼铁工人的歌声响彻了寒峭的山谷。

由此推断,李客从事贩运盐铁、开矿炼铁生意,逐渐成为当地一名富商。

另外一个佐证是:李客家庭人口较多,李白排行十二,如果李客没有较大的经济收入来源,很难支撑这个大家庭的日常开支。也正因为家庭富足,李白才养成了"挥金如土"的豪放性格。否则,李白在川饲养珍禽千只,出川后一年散尽三十万钱从何而来?何以"五花马,千金裘,呼儿将出换美酒"?

李白为什么只字不提父亲李客在四川所从事的职业呢?笔者认为有以下三个原因:

一是商人在当时社会地位很低。上流社会普遍认为商人逐利,是一个贱业。历朝历代的律法,都对商人有许多制约。古代的商人出门,要穿两只不同颜色的鞋子来标示商人的贱业身份。白居易在《琵琶行》中也有"商人重利轻别离"的句子。

二是商人子弟不能入朝为官。《旧唐书·职官志》记载:"工商之家,不得预士。"意思是:手工业从业者和商业从业者的家人,不得参加科举考试。

三是犯人之子不得参加科考。李阳冰在《草堂集序》中记述:李白的家族"蝉联圭组,世为显著。中叶非罪,谪居条支,易姓为名,然自穷蝉至舜,五世为庶,累世不大曜,亦可叹焉"。

意思是李白的家族世代为官，因犯法被贬至条支。陈寅恪先生也认为，李客是因罪窜谪的胡商。《唐六典》规定："来刑家之子，工商殊类不预。"也就是说，犯过法的和工商人家的子弟都不能参加唐朝科考。

李白的梦想是入朝为官，如果李白道出自己是商人家庭出身，他一心想成为朝廷辅弼之臣、帝王之师的梦想就会化为泡影。

也许正如朱秋德先生在《论李白的宗室情结及对其人生诸要素的影响》一文中总结的那样："李白作为沦落民间的宗室之子的人生悲剧是命定的，是谁也无法解救的。祖先的血脉周流其身使他渴望有所作为，但祖先蒙受的罪孽又使他不敢有所作为；建功立业而又害怕暴露身世使他的精神和行为在庙堂之高和江湖之远间首鼠两端。他的一生就是在这种矛盾中，在祖先留下的物质财富和精神枷锁中度过的。他是戴着镣铐跳舞的人，而这镣铐世人看不见，只有他自己知道。"

李客成为当地富商后，深知商人地位低下，为了儿子日后前途，他不得不花费巨资改变身份。

唐朝是否存在捐钱买卖官职的问题呢？

史料记载，唐高宗在位时期，宠信宰相李义府。李义府曾上表请废王皇后，立武则天，后登上宰相之位，但当上宰相之后不久，就因多次贩卖官职、广结朋党、安插心腹、权倾朝野，被两次贬职。最后一次因渎职被撤官。他最后一次卖官《全唐书》中也有记载："遣子津召长孙延，谓曰：'吾为子得一官。'

居五日,延拜司津监,索谢钱七十万。"唐中宗在位虽短短五年,但此时却是卖官最为猖獗之期。唐中宗昏庸无能,宠信韦皇后,韦皇后和她的女儿安乐公主联手卖官,只要上交足够的银两,二人就以皇帝的名义通知中书省发布"任职书"。这种买卖官职的局面一直持续到玄宗时期,但也并没有止步于此,只是暂时隐藏了自己的存在。

李白父亲李客可能在武则天后期通过捐款得到任城尉职。

三、出生之地碎叶城

李白的出生地一直备受瞩目,也存在争议。李白故乡到底在哪里?下面进行逐一分析。

第一,李白自述"长江汉"。

李白曾说过"少长江汉",而唐代岷江与嘉陵江之间就称"江汉",也就是说他是在蜀中长大的,并没有说在江汉出生。他还说过"家本紫云山",紫云山在今天的四川绵阳市境内,距青莲乡很近。李白还写有三十多首怀念西蜀家乡的诗,特别是到了晚年,他思念巴蜀故乡之情强烈,希望叶落归根。

第二,亲近之人亦口异。

一是看李阳冰在《草堂集序》中的记述。《草堂集序》为李白作品的序言,作者李阳冰为李白族叔,时任当涂县令,世人公认他是为李白送终的人。这篇序介绍了李白的身世、生平主要事迹、诗文创作情况以及李白作品结集的经过。

李白，字太白，陇西成纪人。凉武昭王暠九世孙。蝉联圭组，世为显著。中叶非罪，谪居条支，易姓为名，然自穷蝉至舜，五世为庶，累世不大曜，亦可叹焉。神龙之始，逃归于蜀，复指李树而生伯阳。惊姜之夕，长庚入梦，故生而名白，以太白字之。世称太白之精，得之矣。

上面这段话告诉我们：李白的先辈因罪谪居条支，神龙之始，李白的父亲逃归蜀地，生了李白。

二是看魏颢在《李翰林集序》中的记述。这是与李白有深厚交情的人留下的有关李白的资料。

魏颢在《李翰林集序》中记载：

蜀之人无闻则已，闻则杰出，是生相如、君平、王褒、扬雄，降有陈子昂、李白，皆五百年矣。白本陇西，乃放形，因家于绵。身既生蜀，则江山英秀。

这段话告诉我们：李白出生于蜀地。

三是看范传正在《唐左拾遗翰林学士李公新墓碑并序》中的记述。该文真实地记述了李白墓由龙山迁葬青山的经过及原委，记载了李白的出生、家世、晚年及其身后的境况。

范传正在《唐左拾遗翰林学士李公新墓碑并序》记述：

公名白，字太白，其先陇西成纪人。绝嗣之家，难求谱牒。公之孙女搜于箱箧中，得公之亡子伯禽手疏十数行，纸坏字缺，不能详备。约而计之，凉武昭王九代孙也。隋末多难，一房被窜于碎叶，流离散落，隐易姓名。故自国朝已来,漏于属籍。神龙初,潜还广汉。

根据范传正的记述,李白的先辈在隋朝末年因为犯罪被流放到碎叶,神龙初年,李白的父亲回到广汉。

四是看刘全白在《唐故翰林学士李君碣记》中的记述。刘全白,幼能诗,以诗为李白所知,大历八年(773)为浙西节度从事、检校大理评事。

《唐故翰林学士李君碣记》记述:"君名白,广汉人。"

第三,遗迹显示生江油。

最近二十年来,四川江油市也出土了一些珍贵文物,可见李白与江油颇有渊源。

江油大匡山出土的国家一级文物"唐李先生彰明县旧宅碑并序"碑(刻于994年)和"敕赐中和大明寺住持记"碑(刻于1068年)上,分别载有"先生旧宅在青莲乡,后往县北戴天山读书……""翰林学士李白,字太白,少为当县小吏,后止此山……"等文字,证明了李白与江油的关系。

第四,少长印记在青莲。

在四川省江油市青莲镇的陇西院,竖立着一块石碑,上写"太白故居",表明这是李白曾经居住的地方,其"青莲居士"之号也来源于此。

相传李白五岁时在天宝山下的小溪边看到一位老奶奶用铁杵磨针,因而发奋学习。位于江油市的小匡山至今还保留着李白的读书台。

十五岁时,李白隐居江油大匡山,潜心读书,在此度过了十年苦读生涯,其间先后出游江油、剑阁、梓州(治所在今四川省境内)等地;李白在蜀地师从赵蕤,吸收多种文化元素,形成汪洋恣肆、奇谲瑰丽、气势奔放的浪漫主义诗风。窦圌山是李白游历的第一座名山,并留下"樵夫与耕者,出入画屏中"的名句。

二十五岁的李白在漫波渡"仗剑去国,辞亲远游",以后再也没有回来。

那么,李白的出生地究竟是哪里呢?

李阳冰、魏颢、李华、刘全白等人认为,李白的出生地为四川,但其实他们的说法是不准确的。我们可以结合李白的出生年份加以验证。若李白出生于四川,那么,按照李阳冰的说法——李白的父亲"神龙之始,逃归于蜀",以及范传正的说法——李白的父亲"神龙初,潜还广汉",则李白当出生在神龙元年(705)以后。但是,宋人曾巩在《李太白文集后序》云:"以病卒,年六十有四,是时宝应元年(762)也。"李阳冰在《草堂集序》中也说李白死于"宝应元年(762)十一月乙酉",依此算出其出生年份为699年。而李华《故翰林学士李君墓志》云:"年六十有二,不偶,赋《临终歌》而卒。"若参照李华之说,那么从卒年倒推,李白应生于长安元年(701)。另外,李白自己在《为宋中丞自荐表》一文中称:"臣伏见前翰林供奉李白,年五十有七。"清人王琦考证,这篇文章作于至德二年(757),折算回去的话,李白应出生于长安元年(701)。无论参照上述哪种说法,都可以说明李白在其父来到四川之前已经出生。其出生地应当在李氏族人先前被流放之地,这个地方,按李阳冰的说法是"条支",按范传正的说法是"碎叶"。

笔者以为,"条支"就是"碎叶"。"条支"即条支都督府,是地方名称的音译,也是一种泛指。《后汉书·西域传》中有"后役属条支,为置大将,临领诸小城焉",《魏书·西域传》中称波斯为古条支国,《新唐书·地理志》中则称唐代所设的条支都督府"皆属安西都护统摄",因而条支是后来人对西域部分区域的一种泛称,《草堂集序》中"谪居条支"的说法,其实和碎叶城所指相同。那么,碎叶城在哪里呢?

郭沫若在《李白与杜甫》一书中云:"考碎叶在唐代有两处:其一即中亚碎叶;又其一为焉耆碎叶。焉耆碎叶,其城为王方翼所筑,筑于高宗调露元年(679)。"他认为,《唐左拾遗翰林学士李公新墓碑并序》既标明"隋末",可见李白的出生地是中亚碎叶,而非焉耆碎叶。史学界曾经推测吉尔吉斯斯坦楚河上游托克玛克镇西南阿克·贝希姆村的唐代古城遗址即中亚碎叶城遗址,1982年和1997年在这里相继出土了两块镌刻有汉文的残碑,其一为"杜怀宝碑",碑上刻有"安西副都护……上柱国杜怀宝"等字。杜怀宝曾是主政碎叶的大员,此碑的出土证实了这一推测。

2008年10月,吉尔吉斯斯坦文化信息部部长拉耶夫就对中国媒体表示,中国唐朝最伟大诗人李白的出生地碎叶城,就在吉尔吉斯斯坦境内的托克马克市,他们正与中方协商为李白建造一个纪念雕像,推动两国李白文化的交流。2009年10月,吉尔吉斯斯坦驻中国大使馆商务参赞朱萨耶夫·古邦访问安陆，又一次提到李白故里在吉尔吉斯斯坦的托克马克市。

综上所述，我们认为，李白在碎叶城出生，在江油长大。

关于其出生地之争，明代思想家、文学家李贽在《焚书》卷五《李白诗题辞》中有言：

> 升庵曰："白慕谢东山，故自号东山李白。"杜子美云"汝与东山李白好"是也。刘修《唐书》，乃以白为山东人，遂致纷纷耳。因引曾子固称白蜀郡人，而取《成都志》谓白生彰明县之青莲乡以实之。卓吾曰：蜀人则以白为蜀产，陇西人则以白为陇西产，山东人又借此以为山东产，而修入《一统志》，盖自唐至今然矣。今王元美断以范传正《墓志》为是，曰："白父客西域，逃居绵之巴西，而白生焉。是谓实录。"呜呼！一个李白，生时无所容入，死而百余年，慕而争者无时而已。余谓李白无时不是其生之年，无处不是其生之地。亦是天上星，亦是地上英。亦是巴西人，亦是陇西人，亦是山东人，亦是会稽人，亦是浔阳人，亦是夜郎人。死之处亦荣，生之处亦荣，流之处亦荣，囚之处亦荣，不游不囚不流不到之处，读其书，见其人，亦荣亦荣！莫争莫争！

四、出生之时梦异象

在很多历史传说中，帝王将相或是在出生之时"紫气东来""天降异象"，或是从小就有某种"超能力"，"得神仙眷顾"。

比如，西汉历史学家、文学家刘向在《列仙传》中记载华夏始祖黄帝"弱而能言，圣而预知，知物之纪"。意思是说，黄帝年少时就能言善辩，能预见未来，知道万物的兴衰更替之数。对于华夏始祖黄帝年少时显现出异象的这种说法，我们是可以理解的。

司马迁在《高祖本纪》记载刘邦出生时写道："其先刘媪尝息大泽之陂，梦与神遇。是时雷电晦冥，太公往视，则见蛟龙于其上。已而有身，遂产高祖。"这段话告诉我们，刘邦的母亲刘媪在水塘边休息时犯困睡着了，梦见与神不期而遇，一时天色昏暗，雷电交加。刘太公匆匆跑去看，只见有龙在刘媪身上显现。不久，刘媪有了身孕，生下来的男孩就是刘邦。

这段内容来源于《史记》，《史记》是我国第一部纪传体通史，它对研究我国从三皇五帝到汉武帝时期的历史具有重要的参考价值，但对于汉高祖刘邦的出生，记载的内容仿佛有些玄妙了。

《唐才子传·李白》《新唐书·李白传》均描述了李白出生时的异象："白之生，母梦长庚星，因以命之。"是说李白出生的时候，他母亲梦见太白金星，因此给他取字太白。

一些历史书上对皇帝出生时的异象记载，无非是对皇帝的神化，借助异象的出现，来愚弄国民，证明自己做皇帝是上天使然、神明相助，主要目的是加强皇权统治，其实是一种唯心主义的说辞，是一种政治需要。

李白出生时的异象，李白自己没有在诗文中写过，唐朝的李阳冰、魏颢、刘全白、范传正、裴敬等在他们记载李白的文章里也没有提到过,《旧唐书·李白传》里也没有记载,所以也许根本没有这件事,《唐才子传》和《新唐书》的记载无非表明李白的出生非同凡响罢了。

当然,要想事业成功,"生得好"并不是决定性因素,最终建功立业还要靠自己的学识和才能。虽然从古至今出身很重要,"拼妈""拼爹"的社会现象一直存在,但是无论"拼"谁,都不如靠自己的艰苦奋斗取得成功。

五、兄弟姊妹排行多

李白很少谈起家人,包括他的父亲,更不用说他的兄弟姊妹,在近一千首诗文中多次提到的只有几个同族叔辈和从弟。李白表现得越含糊隐晦,后来的研究者就越有兴趣,许许多多的好奇者想去探讨、求证。

李白被称作"李十二",难道他真有十几个兄长?

杜甫在《与李十二同寻范十隐居》《寄李十二白二十韵》两首诗中称李白为"李十二",说明李白兄弟姊妹很多。唐朝有一个传统,朋友之间的交往,诗词互赠时,在家族中排行第几,就称第几。李白在家族中排行"十二",赠诗就称他为"李十二"。比如:杜甫在家排行第二,赠诗时就称他为"杜二";杜牧在家排行十三,赠诗时就称他为"杜十三"。

唐代常以行第连同姓名、官职等称人,比如:柳八,即柳宗元,他在族中(即整个柳家,包括他的堂兄弟们)排行第八,李十六即李商隐,王十三即王维,韩愈又叫韩十八。这一点在诗中也能体现出来:王维有诗题《送元二使安西》(名句"劝君更尽一杯酒,西出阳关无故人"),唐诗中屡见《答王十二寒夜独酌有怀》《问刘十九》《同李十一醉忆元九》《送裴十八图南归嵩山》《秋夜寄丘二十二员外》之类的题目,都是以行第称人的。

唐人的排行是在家族的同一辈人中进行的,即同先祖弟兄一起的大排行,这种排行叫作"行第"。杜甫排行靠前故被称为杜二,白居易排行靠后故被称作白二十二,而刘禹锡则是刘二十八。也就是说,刘禹锡排二十八,并非指他父母生了二三十个孩子,这个数字是包括了他的叔伯兄弟的总排行。

李白被人叫作李十二,他应该在叔伯兄弟间排行十二。他的兄弟姊妹究竟从事什么职业?名字叫什么?这些情况,到目前为止资料不多。

王琦曾在《李太白全集》中注曰:"李白在《万愤词投魏郎中》云'兄九江兮弟三峡',与下文'爱子''老妻'并言,似指其亲兄弟而言。上有兄下有弟,则太白乃其仲欤!然兄弟之名则无可据,姑表出之,以俟淹博者之详考。"

另外,四川江油陇西院照壁中门石柱上的楹联写道:"弟妹墓犹存,莫谓仙人空浪迹;艺文志可考,由来此地是故居。"

宋杨天惠《彰明逸事》记载:"有妹月圆,前嫁邑子,留不去,以故葬邑下。墓今在陇西院旁百步外。或传院乃其所舍云。"后清乾隆《直隶绵州志》、清道光《龙安府志》、清同治《彰明县志》等中的记载大抵相类。清道光十七年(1837)立《重修粉竹楼记》碑，上有"粉竹楼者，李青莲先生为其妹月圆所筑也。自唐迄明，崇祠不绝，迨兵燹后，庙宇倾圮，基址犹存"。不过这些都是违背事实的。李白离开四川后，再也没有回去，何谈为其妹筑坟？

李白在他的诗文中多次提到他的几个族叔，说明族叔膝下的同辈堂兄弟也不少，这就不难解释"李十二"的由来了。

（一）族叔的代表人物

1.季父山东做县令

据耿元瑞先生考证，李白寓家鲁地至少十六七年，主要居住在任城（今济宁市任城区）。正因为李白寓居东鲁（泛指今济宁市兖州区及其附近曲阜等一带）时间长，杜甫才有"山东李白"之说，元稹更有"山东人李白"之言。《旧唐书》记载："李白，字太白，山东人……父为任城尉，因家焉。少与鲁中诸生孔巢父、韩沔、裴政、张叔明、陶沔等隐于徂徕山，酣歌纵酒，时号'竹溪六逸'。"可见李白与山东有着不解之缘。

李白的"六父"曾在任城做县令，诗中李白称其"季父"。季父指最小的叔父，所以这位"六父"与李客应是亲兄弟。

李白在《对雪奉饯任城六父秩满归京》诗中称赞六父淡泊名利，超凡脱俗："虽将簪组狎，若与烟霞亲。季父有英风，白眉超常伦。"接着写六父重视朋友情分，之所以踌躇未肯离去，正是舍不得朋友："踌躇未忍去，恋此四座人。""饯离驻高驾，惜别空殷勤"，六叔您就要离开这里了，以后见面的机会就少了，别怪我不断地给您敬酒。"何时竹林下，更与步兵邻"，您何时再来任城,让我与您这位当代阮步兵做邻居呢?

李白与六父叔侄间有似阮籍、阮咸叔侄之间任达不拘的超世之情,这就使人觉得这位"任城尉"是李白真正的近亲。《旧唐书》所谓"父为任城尉",很可能正是指这位"六父"而非父亲。

除此之外,李白在山东的同族之人也很多。

一为在中都(今济宁市汶上县)当县令的兄长,一首《别中都明府兄》诗云:"吾兄诗酒继陶君,试宰中都天下闻。东楼喜奉连枝会,南陌愁为落叶分。城隅渌水明秋日,海上青山隔暮云。取醉不辞留夜月,雁行中断惜离群。"诗中表明"中都明府兄"和自己情同手足,有骨肉同胞的关系,这可能是李白真正的近亲族兄长了。

二为长辈李膺,有诗《陪从祖济南太守泛鹊山湖三首》,其二云:"湖阔数千里,湖光摇碧山。湖西正有月,独送李膺还。"

三为原是单父(今菏泽市单县)主簿的族弟李凝,正因如此,李白与菏泽结下了不解之缘。

在菏泽,李白去过最多的地方是单父,因为当时这里有他的亲友,他的好友陶沔任单父尉,族弟李凝任单父主簿。还有一点,李白的妻子、儿女在东鲁生活,距离单父也很近。据记载,李白曾来单父四次,累计居住数月。其间常到琴台饮酒作诗,以释情怀,共留下了八首赋单诗句。

李白来到单父,受到了陶沔和李凝的热情款待。在单父期间,李白游览了琴台、晏堌、孟渚泽、南楼、栖霞山和孟氏桃园等几处在当时享有盛名的游览胜地。

李白在陶沔的陪同下登上半月台凭吊先贤,欣赏美景,留下一首名为《登单父陶少府半月台》的诗作,后来杜甫回忆起一同游览琴台的场景,也写了一首《昔游》来纪念这次单父之旅。

登单父陶少府半月台

陶公有逸兴,不与常人俱。筑台像半月,迥向高城隅。
置酒望白云,商飙起寒梧。秋山入远海,桑柘罗平芜。
水色渌且明,令人思镜湖。终当过江去,爱此暂踟蹰。

在这首作于天宝四载(745)的诗中,诗人一方面感谢好友陶沔的盛情款待,另一方面描写半月台建筑高大,如同天上的半个月亮,并且与高高的城墙相对。

笔者每品饮单县酿造的半月台酒,就会遥想到李白、杜甫、陶沔、李凝等曾在高高的半月台上饮酒的场景,由此感念古代先贤饮酒的逸兴。现在若半月台尚在,可以登临畅饮,神交古人,观赏"秋山入远海"的美景。

在陶沔的陪伴下,李白等人又去了孟渚泽游玩。孟渚泽也叫孟诸泽、望诸泽、孟潴泽,是四千多年前有虞部落的发祥地之一,位于商丘东北、曹县东南、单县西南部,是当时中国古代四大名泽之一,《禹贡》《左传》《周礼》《尔雅》等古籍中均有关于孟渚泽的记载。

孟渚泽在古代时是一片方圆五十里的大泽,适于游猎。李白曾作《秋猎孟诸夜归,置酒单父东楼观妓》一诗,生动地描

绘了在孟渚泽围猎的热闹场面和在单父东楼彻夜欢宴的
情景：

倾晖速短炬，走海无停川。冀餐圆丘草，欲以还颓年。

此事不可得，微生若浮烟。骏发跨名驹，雕弓控鸣弦。

鹰豪鲁草白，狐兔多肥鲜。邀遮相驰逐，遂出城东田。

一扫四野空，喧呼鞍马前。归来献所获，炮炙宜霜天。

出舞两美人，飘飘若云仙。留欢不知疲，清晓方来旋。

几千年之后，孟渚泽的范围逐渐缩小，如今只留下很小的
一部分，就是现在的单县浮龙湖景区。

单父还有一处比较知名的历史古迹——栖霞山，位于城
西南，是一座自然形成的土山。据说是西汉时期梁孝王刘武
为自己所营建的梁苑的一部分。刘武生前多次在栖霞山游
猎，并在这里筑建了不少楼台亭榭，作为游猎时的休息之所。
现在栖霞山早已消失在历史的长河中，只留下一座高台，名
"梁孝王台"。"栖霞晚照"是单县古八景之一，描写的就是古
代栖霞山的美景。李白等人同样游览了栖霞山，并且还欣赏
到了栖霞晚照的景色。李白在《携妓登梁王栖霞山孟氏桃园
中》中写道：

碧草已满地，柳与梅争春。

谢公自有东山妓，金屏笑坐如花人。

今日非昨日，明日还复来。

白发对绿酒，强歌心已摧。

君不见梁王池上月，昔照梁王樽酒中。

梁王已去明月在，黄鹂愁醉啼春风。

分明感激眼前事，莫惜醉卧桃园东。

尽管栖霞山的美景我们现在已经看不到了，但是通过李白的诗作，还是能够想象这里的风光多么优美。

十多年后的一天，任单父主簿的李凝调任宋城（今河南商丘睢阳区）主簿。为了送别自己的族弟，李白和李凝重游栖霞山，留下了《送族弟单父主簿凝摄宋城主簿，至郭南月桥，却回栖霞山，留饮赠之》以作纪念：

吾家青萍剑，操割有余闲。往来纠二邑，此去何时还？

鞍马月桥南，光辉歧路间。贤豪相追饯，却到栖霞山。

群花散芳园，斗酒开离颜。乐酣相顾起，征马无由攀。

李白的这首送别诗大约作于天宝五载（746），诗中前四句写李凝任两县主簿游刃有余，悠闲自得，治理有方。单父距宋城百余里，往来方便，故李凝可代理其主簿。中间四句写李凝回栖霞山与自己相会，表达兄弟情深，"贤豪相追饯"一句，表示李凝在单父威望较高，前来送行的都是豪门望族。后四句写留饮的氛围和醉酒情景，读之真切感人，如临其境。

753年，五十三岁的李白再次来到菏泽，当时他要南下宣城，于是取道曹南[即曹州，治济阴（今曹县西北）]。在这里，官员们为李白饯行，李白作《留别曹南群官之江南》答谢：

我昔钓白龙，放龙溪水傍。道成本欲去，挥手凌苍苍。

时来不关人，谈笑游轩皇。　献纳少成事，归休辞建章。

十年罢西笑，览镜如秋霜。　闲剑琉璃匣，炼丹紫翠房。

身佩豁落图，腰垂虎鞶囊。　仙人驾彩凤，志在穷遐荒。

恋子四五人，裴回未翱翔。　东流送白日，骤歌兰蕙芳。

仙宫两无从，人间久摧藏。　范蠡说句践，屈平去怀王。

飘飘紫霞心，流浪忆江乡。　愁为万里别，复此一衔觞。

淮水帝王州，金陵绕丹阳。　楼台照海色，衣马摇川光。

及此北望君，相思泪成行。　朝云落梦渚，瑶草空高堂。

帝子隔洞庭，青枫满潇湘。　怀君路绵邈，览古情凄凉。

登岳眺百川，杳然万恨长。　知恋峨眉去，弄景偶骑羊。

李白在诗中表达了与朋友分别后的伤感："及此北望君，相思泪成行。"同时流露出未能实现政治理想的苦闷，以及对修炼成仙的渴望。

电视节目《中国诗词大会》的热播和电影《长安三万里》的热映，必将在全国掀起热爱唐诗宋词的高潮，李白在菏泽活动的足迹一定会吸引人们去探寻，他在菏泽谱写下的几首传世佳作也会传遍菏泽的大街小巷。

四为二从弟，李白有诗《鲁中送二从弟赴举之西京》云：

鲁客向西笑，君门若梦中。　霜凋逐臣发，日忆明光宫。

复美二龙去，才华冠世雄。　平衢骋高足，逸翰凌长风。

舞袖拂秋月，歌筵闻早鸿。　送君日千里，良会何由同。

在这首诗中，诗人借送二从弟赴西京长安应举之机流露出对

23

京都的深切怀念和为国效力的迫切愿望,并以欣羡的心情赞颂了二从弟的盖世才华和少年得意。最后通过对对月起舞、宴饮唱歌的饯别场面的描写,以及对从弟的祝愿和二人再相逢的期盼,抒写兄弟之间的深厚情意。

其五为从弟李沈,不过李沈并不是寓居山东,而是从京都来此游历,在其回去时李白以诗《单父东楼秋夜送族弟沈之秦》相赠:

> 尔从咸阳来,问我何劳苦。
>
> 沐猴而冠不足言,身骑土牛滞东鲁。
>
> 沈弟欲行凝弟留,孤飞一雁秦云秋。
>
> 坐来黄叶落四五,北斗已挂西城楼。
>
> 丝桐感人弦亦绝,满堂送君皆惜别。
>
> 卷帘见月清兴来,疑是山阴夜中雪。
>
> 明日斗酒别,惆怅清路尘。
>
> 遥望长安日,不见长安人。
>
> 长安宫阙九天上,此地曾经为近臣。
>
> 一朝复一朝,发白心不改。
>
> 屈平憔悴滞江潭,亭伯流离放辽海。
>
> 折翮翻飞随转蓬,闻弦坠虚下霜空。
>
> 圣朝久弃青云士,他日谁怜张长公。

诗中表达其怀才不遇的苦闷心情。

六为从弟李冽,李白有《赠从弟冽》云:

楚人不识凤,重价求山鸡。献主昔云是,今来方觉迷。

自居漆园北,久别咸阳西。凤飘落日去,节变流莺啼。

桃李寒未开,幽关岂来蹊。逢君发花萼,若与青云齐。

及此桑叶绿,春蚕起中闺。日出布谷鸣,田家拥锄犁。

顾余乏尺土,东作谁相携。傅说降霖雨,公输造云梯。

羌戎事未息,君子悲涂泥。报国有长策,成功羞执珪。

无由谒明主,杖策还蓬藜。他年尔相访,知我在磻溪。

这首诗反映了诗人的矛盾心情,李白认为自己胸怀报国的壮志豪情,又有满腹才华,却没有一展身手的机会,只好闲居于此,但心里却有不甘,并且躬耕也缺乏相应的条件。诗中用"楚人不识凤,重价求山鸡""傅说降霖雨,公输造云梯"等典故表达了自己不受重用的悲愤,同时也传达出自己虽然受到排挤但仍为边地的动乱而担忧的大义。

李白本打算把家迁到中都,投奔兄长,恰在这时,朝廷任命李白的近世祖李辅为兖州(唐辖今山东济宁、泰安、莱芜、泗水、邹城、金乡等市县间地)太守。李白拜见了李辅,说明自家情况,于是李辅让李白暂时客居瑕丘县(古兖州治所在此,今济宁市兖州区),几年后,李辅升任兖州都督。李白另一个从祖(祖父的堂兄弟)李之芳在齐州[治历城(今济南)]任司马。另外,李白还有几个族弟,如李幼成、李令问等,也都在鲁地任职。后来,李白逐一拜见了他们。

李白在山东漫游期间结识了许多朋友,据不完全统计,在李白传世的九百余首诗文中,作于齐鲁或在他地所作但涉及齐鲁自然人文的诗篇近一百八十首。

开元二十五年(737),李白在山东金乡县居住了几个月,受到金乡范金卿县令的热情款待,他看到、听到金乡县在范县令的治理下政通人和、民风淳朴,深为其政绩所感动,作诗二首相赠。

赠范金卿

其一

君子枉清盼,不知东走迷。离家来几月,络纬鸣中闺。

桃李君不言,攀花愿成蹊。那能吐芳信?惠好相招携。

我有结绿珍,久藏浊水泥。时人弃此物,乃与燕珉齐。

摅拭欲赠之,申眉路无梯。辽东惭白豕,楚客羞山鸡。

徒有献芹心,终流泣玉啼。只应自索漠,留舌示山妻。

其二

范宰不买名,弦歌对前楹。为邦默自化,日觉冰壶清。

百里鸡犬静,千庐机杼鸣。浮人少荡析,爱客多逢迎。

游子睹嘉政,因之听颂声。

李白在第一首诗中诉说自己怀才不遇、报国无门,满腹的才华被埋没;在第二首诗中,赞扬范县令品德高洁,治县有方,作风务实,在其治下,社会和谐、稳定。

开元二十八年(740)的一天,李白应邀到金乡县尉薛少府家中做客。席间,李白看到堂室中间挂着一幅丹顶鹤图,他端

详沉思,望鹤思己,以鹤自况,借着酒兴挥毫写下了《金乡薛少府厅画鹤赞》这篇形神并茂、倾情于鹤的神品:

> 高堂闲轩兮,虽听讼而不扰。图蓬山之奇禽,想瀛海之瞟眇。紫顶烟䎃,丹眸星皎。昂昂欲飞,霍若惊矫。形留座隅,势出天表。谓长唳于风霄,终寂立于露晓。凝玩益古,俯察愈妍,舞疑倾市,听似闻弦。倘感至精以神变,可弄影而浮烟。

文中,李白将图中仙鹤的体貌神态描绘得栩栩如生,它有形、有神、有感情、有愿望,而且跃跃欲飞。该文大意是:图画里这只仙鹤头顶紫霞烟气,眼睛透出星光般的光泽,它扇着翅膀欲腾空飞翔,又好像是受到了惊吓迈着矫健的步伐在奔跑,看似身形留在了这画面一角,但它的情势早已冲出画面飞向了天外。说它在风萧萧的云天之上长鸣,但它却终究孤寂地迎着拂晓的霞光,伫立于沾满露珠的枝条。凝神观赏眼前画面上的仙鹤,更觉得它古朴雅致,俯首靠近,仔细观察,更感觉它美丽无比。画面上的仙鹤好像要舞动起来。一旦真的舞动起来,整个金乡街市上的人都会为之倾倒。仙鹤好像正听着美妙的琴声,倘若它被琴声感动,精神振奋,从画面上飞出来,冲上万里长空,就可以在洁白的浮云之上舞弄自己的倩影。

李白借图画里的仙鹤来抒发自己入仕不能、报国无门的愤懑心情,他不安于到处漫游的隐居生活,而想一跃居于朝廷之上,"申管、晏之谈,谋帝王之术。奋其智能,愿为辅弼,使寰区大定,海县清一"。他如实地袒露自己的情怀,使人们在艺术美的享受中触摸到了诗人此时正在跳动着的脉搏。

开元二十九年(741),李白与好友鲁颂分别,作《别鲁颂》诗相赠:

> 谁道泰山高,下却鲁连节。谁云秦军众,摧却鲁连舌。
>
> 独立天地间,清风洒兰雪。夫子还倜傥,攻文继前烈。
>
> 错落石上松,无为秋霜折。赠言镂宝刀,千岁庶不灭。

诗中李白将鲁颂比作鲁仲连,借对鲁仲连的颂扬来赞美鲁颂"独立天地间"的节操,清廉的为人和倜傥不拘的风度。李白将临别赠言刻在宝刀上,希望它千载不灭。

诗中提到的鲁连即鲁仲连,战国齐人。据《史记·鲁仲连传》记载:鲁仲连不肯仕宦任职,游于赵国时,恰遇秦赵两国发生的长平之战,秦军已经击杀赵军四十万,又围困赵都邯郸,魏国大将新垣衍欲令赵尊秦为帝。鲁仲连以利害说服新垣衍合力抗秦,终于击退秦军。平原君欲为其封官,不受;赐千金,亦不受,飘然离去。

天宝八载(749)春天,四十九岁的李白从兖州出发,东游齐鲁,在金乡羊山巧遇返回西京[即长安,天宝元年(742)改称西京]的好友韦八,故人相见,添酒设宴,互诉衷肠,二人乘着酒兴登高远望,感慨万千,一想到重逢后又即将分别,李白挥笔写下《金乡送韦八之西京》:

> 客自长安来,还归长安去。狂风吹我心,西挂咸阳树。
>
> 此情不可道,此别何时遇。望望不见君,连山起烟雾。

此诗表达了作者对友人的依依惜别之情，也抒发了作者西望京华，惆怅无限，深感前途渺茫，报国无门之意，全诗用语自然，构思奇特，形象鲜明，富于浪漫主义色彩。

山东也是李白的故乡，他学剑来山东，在这里生活多年，并安家于此，其子女也在山东长大。

天宝元年（742）四月，李白怀着异常深厚的感情来到泰山，写下了《游泰山》六首。这六首绮丽的诗是泰山文学宝库中不可多得的珍品佳作，也是作者满怀壮志、报国无门心路历程的真实写照。"四月上泰山，石平御道开……玉女四五人，飘飘下九垓。""遗我鸟迹书，飘然落岩间。其字乃上古，读之了不闲。""偶然值青童，绿发双云鬟。笑我晚学仙，蹉跎凋朱颜。""银台出倒景，白浪翻长鲸。安得不死药，高飞向蓬瀛。""长松入霄汉，远望不盈尺。山花异人间，五月雪中白。""朝饮王母池，暝投天门关。独抱绿绮琴，夜行青山间。""举手弄清浅，误攀织女机。明晨坐相失，但见五云飞。"

《游泰山》六首是连章古诗，每一首都呈现一个耐人寻味的审美境界。诗人描绘了一座雄浑壮丽的自然之山，一座奇异可感的神妙之山，令人体悟到这是寄寓着他人生理想、人格向往的情感之山、心灵之山。诗人仅沿着登山中轴线，从王母池、一天门、中天门、南天门、天街至玉皇顶，再及日观峰、月观峰，沿途凡峰崖、涧谷、泉瀑、奇松怪石、名禽异花、云岚烟雾，极目难尽，将遇仙、仙引、思仙、学仙、慕仙之事曲曲折折地穿插在诗人描绘的泰山实景之中，以超然的宇宙观和独特的时空观,目揽泰山万象于方寸,驰思结韵于毫端,以写意山水笔法绘出了有声画卷,使读者不由自主地随着诗人情感的律动,唤起山水境界中类似的审美心理,并引发对世事人生的无穷思考。

天宝三载(744),李白从长安回家,路过任城,他的好友——任城主簿卢潜为他接风洗尘。感激之下,李白写诗《赠任城卢主簿潜》相赠:

> 海鸟知天风,窜身鲁门东。临觞不能饮,矫翼思凌空。
> 钟鼓不为乐,烟霜谁与同。归飞未忍去,流泪谢鸳鸿。

诗的大意是:海鸟感知大风即将到来,飞到鲁国都城东门外避风。面对杯中的酒,却无心畅饮,挥着翅膀渴望在天空翱翔。祭祀的钟鼓也不能让它开心,烟霭霜雾能与谁相共。不忍心就这样归去,只能以泪愧谢贤德友朋。

2.族叔李晔洞庭游

乾元二年(759)春,李白于流放途中遇赦,秋时由江夏(今湖北武汉武昌区)而至岳州(今湖南岳阳市)。此时,刑部侍郎李晔贬官岭南,行经岳州,与李白相遇。时贾至亦谪居岳州,三人相约同游洞庭湖,李白写下《陪族叔刑部侍郎晔及中书贾舍人至游洞庭》五首这一组七绝记其事。

其一

> 洞庭西望楚江分,水尽南天不见云。
> 日落长沙秋色远,不知何处吊湘君。

其二

南湖秋水夜无烟,耐可乘流直上天。

且就洞庭赊月色,将船买酒白云边。

其三

洛阳才子谪湘川,元礼同舟月下仙。

记得长安还欲笑,不知何处是西天。

其四

洞庭湖西秋月辉,潇湘江北早鸿飞。

醉客满船歌白苎,不知霜露入秋衣。

其五

帝子潇湘去不还,空余秋草洞庭间。

淡扫明湖开玉镜,丹青画出是君山。

这五首诗主要描写洞庭湖面清风、水天一色、霜露秋月的自然美景,同时表达对洛阳才子遭到贬谪的同情,表现出一种超脱于尘世之外的皎洁明净的心境。

3.谢朓楼上饯族叔

李白在宣州［治宣城（今安徽宣城市）］时和他的一个族叔李云（又名李华）同游谢朓楼,后赠诗族叔,其中《宣州谢朓楼饯别校书叔云》写道:"长风万里送秋雁,对此可以酣高楼。蓬莱文章建安骨,中间小谢又清发。俱怀逸兴壮思飞,欲上青天览明月。抽刀断水水更流,举杯消愁愁更愁。人生在世不称意,明朝散发弄扁舟。"在《饯校书叔云》一诗中写道:"少年费白日,歌笑矜朱颜。不知忽已老,喜见春风还。惜别且为欢,裴回桃李间。看花饮美酒,听鸟临晴山。向晚竹林寂,无人空闭关。"以表达心中苦闷和怀才不遇之情。

4.瓜州渡口饯李贲

李贲是李白家长中年龄最小的一位族叔,从事水利工作,李白在《题瓜州新河,饯族叔舍人贲》一诗中赞扬李贲"齐公凿新河,万古流不绝。丰功利生人,天地同朽灭"。分别时,李白又表现出对族叔的恋恋不舍之情,"我行送季父,弭棹徒流悦。杨花满江来,疑是龙山雪。惜此林下兴,怆为山阳别。瞻望清路尘,归来空寂灭"。

5.兴德寺里陪长史

乾元元年(758),李白因参与永王李璘叛乱被流放夜郎,溯江沿途,送行的朋友很多,其中就有李白做长史的一个族叔。到江夏后,李白陪其族叔和薛明府在兴德寺饮酒,席间李白作《流夜郎至江夏,陪长史叔及薛明府宴兴德寺南阁》一诗。诗曰:

绀殿横江上,青山落镜中。岸回沙不尽,日映水成空。

天乐流香阁,莲舟飐晚风。恭陪竹林宴,留醉与陶公。

意思是:一座深青带红的高阁崇殿横亘在江岸之上,附近的青山倒映在明亮如镜的水中。江岸迂回,白沙清晰可见,在日光的映衬下,水天一色。如同天籁的音乐回响在香阁,江中莲舟在晚风中穿梭。很恭敬地陪两位关心我的人在竹林下欢宴,谢谢族叔和薛明府款待我这个流放夜郎的罪人。

这首诗是李白在流放夜郎途中受到族叔和友人隆重招待后写下的,表现了诗人对大好河山的热爱,同时也流露出此刻苦闷的心情。

6.投靠族叔李阳冰

李阳冰,唐代文学家、书法家,善辞章,工书法,尤精小篆。自诩"斯翁之后,直至小生,曹喜、蔡邕不足言也"。

上元二年(761),已经六十多岁的李白千金散尽未复来,因生活窘迫,从金陵来到当涂拜访在这里做县令的族叔李阳冰。李白的来访,让李阳冰欣喜若狂,酒宴盛情款待后就把李白送上了船。李白作《献从叔当涂宰阳冰》相赠,诗曰:

金镜霾六国,亡新乱天经。　焉知高光起,自有羽翼生?

萧曹安屹屼,耿贾摧榱枪。　吾家有季父,杰出圣代英。

虽无三台位,不借四豪名。　激昂风云气,终协龙虎精。

弱冠燕赵来,贤彦多逢迎。　鲁连善谈笑,季布折公卿。

遥知礼数绝,常恐不合并。　惕想结宵梦,素心久已冥。

顾惭青云器,谬奉玉樽倾。　山阳五百年,绿竹忽再荣。

高歌振林木,大笑喧雷霆。　落笔洒篆文,崩云使人惊。

吐辞又炳焕,五色罗华星。　秀句满江国,高才揽天庭。

宰邑艰难时,浮云空古城。　居人若薙草,扫地无纤茎。

惠泽及飞走,农夫尽归耕。　广汉水万里,长流玉琴声。

雅颂播吴越,还如泰阶平。　小子别金陵,来时白下亭。

群凤怜客鸟,差池相哀鸣。　各拔五色毛,意重泰山轻。

赠微所费广,斗水浇长鲸。　弹剑歌苦寒,严风起前楹。

月衔天门晓,霜落牛渚清。长叹即归路,临川空屏营。

李阳冰细细欣赏,上半部分是族侄对自己的各种夸奖,诗中颂扬自己的才华、政绩,特别夸奖了他的书法,"落笔洒篆文,崩云使人惊"。诗中李白也称李阳冰为"季父",贫困交加的李白这样称呼李阳冰,定有求人之事。

李阳冰读完后半部分后,终于明白了李白来当涂是要投靠自己的。于是,李阳冰上船追回了李白,竭力相助,使诗仙晚年终于有了一个栖身之所和归宿之地。

宝应元年(762)十一月,李白一病不起。在病榻中他将自己的诗文草稿交给了李阳冰,委托他编辑并作序,后含泪作《临路歌》,不久溘然长逝。后来,李阳冰根据李白生前遗愿,将其诗文辑成《草堂集》十卷,并为之作序。李阳冰在序中称李白"临当挂冠,公又疾亟,草稿万卷,手集未修,枕上授简,俾予为序"。这是说李阳冰在"临当挂冠"正要卸职当涂县令之时还为李白编集诗稿,撰写序言,着实难能可贵。李阳冰在序言中除对李白的家世、生平、思想、性格、交游等情况作了扼要记述外,同时对李白的著述情况和诗文成就作了高度评价。他称李白是"千载独步,唯公一人","唯公文章,横被六合,可谓力敌造化欤"!

(二)山东省外族兄弟的代表人物

1.生活困顿求从兄

开元二十三年(735),李白为入仕专门拜访了襄州〔治襄阳(今湖北襄阳市襄城区)〕刺史兼山南东道(治所在襄州)采访使韩朝宗，但没有得到韩朝宗的帮助。其间，携带的金钱已花光，遇到了生活无着落的问题，他想到了在襄阳任少府的从兄李皓，于是就赋诗《赠从兄襄阳少府皓》向其求救：

> 结发未识事，所交尽豪雄。却秦不受赏，击晋宁为功。
> 托身白刃里，杀人红尘中。当朝揖高义，举世称英雄。
> 小节岂足言，退耕春陵东。归来无产业，生事如转蓬。
> 一朝乌裘敝，百镒黄金空。弹剑徒激昂，出门悲路穷。
> 吾兄青云士，然诺闻诸公。所以陈片言，片言贵情通。
> 棣华倘不接，甘与秋草同。

从"结发未识事"至"退耕春陵东"，李白向李皓述说自己年轻时对人情事理的认识不够通达，热血豪迈，为朋友不惜两肋插刀，也曾手刃歹徒，不惜花费千金救济落魄文人。

从"归来无产业"至"甘与秋草同"，李白开始诉说自己仕途不顺，没有任何产业，终日为衣腹而奔忙不休。为了仕途，"我"也曾经去拜谒过王公，不止一次地推荐自己，却都没有达到目的。目前，从兄你官运通达，名噪公卿，所以来与你告个急，"我"现在生活十分困顿，请你帮"我"度过暂时的困境。如果你不愿意帮助"我"，"我"只好像秋蓬一样随风飘散了。

听到自己的族弟为生活所迫，作为族兄的李皓迅速伸出援助之手，把大诗人请到家里，供应酒食，解了李白燃眉之急。

2.族弟邀我游宣州

李白还有一个族弟李昭，曾在宣州、邠州[治新平（今陕西咸阳彬州市）]任长史。在宣州时，李昭主管司法，办事严肃不苟，为政有方，为官清廉，在当地享有较好的声誉。

李昭任宣州长史时，曾写信夸赞宣州的美丽，邀请李白来宣州共叙兄弟情。李白因游览洞庭湖未能成行，于是作《寄从弟宣州长史昭》诗相赠，诗曰：

> 尔佐宣州郡，守官清且闲。
>
> 常夸云月好，邀我敬亭山。
>
> 五落洞庭叶，三江游未还。
>
> 相思不可见，叹息损朱颜。

诗的意思是：从弟你在宣州做长史，写信夸赞宣州的风光好，邀"我"游览敬亭山，但"我"多年在洞庭地区游历，因而未能成行，以致因相思容貌都变得衰老了。这首诗抒发了兄弟间相思而不得见的感慨之情。

天宝十二载（753）秋，李昭邀请李白来宣州，兄弟相见分外高兴，李白写诗相赠。在《赠从弟宣州长史昭》一诗中，李白向族弟诉说了自己怀才不遇、空度时光的苦闷："才将圣不偶，命与时俱背。独立山海间，空老圣明代。"意思是说："我"虽然才高，但得不到皇上的召唤，命运与时运都不顺利。独立行走在山海村野之间，无所事事地在圣明时代打发时光。诗中也体现出兄弟情深，约好要经常相会，"知音不易得，抚剑增感慨。当结九万期，中途莫先退"。

天宝十四载（755）春，李白游览泾县后又来到宣州，得知李昭已调往邻州任职，二人未能见面，他感到悲伤难过，又很思念族弟，便赋诗《书情寄从弟邻州长史昭》寄情抒怀：

自笑客行久，我行定几时。绿杨已可折，攀取最长枝。

翩翩弄春色，延伫寄相思。谁言贵此物，意愿重琼蕤。

昨梦见惠连，朝吟谢公诗。东风引碧草，不觉生华池。

临玩忽云夕，杜鹃夜鸣悲。怀君芳岁歇，庭树落红滋。

另外，李白还有很多送从弟的诗作，但因年代久远，诗歌写作时间、送别地点、从弟姓名等已无法考证。比如这首《送舍弟》：

吾家白额驹，远别临东道。

他日相思一梦君，应得池塘生春草。

诗的大意是：小弟你真是我们家族的千里马，你"我"在东道处就要说再见了。也许"我"会在某一天夜里做梦想念你，希望也能像谢灵运一样得到"池塘生春草"那样的佳句。

这首送别诗没有写悲伤之感，而是用饱含赞美之言代替思念之情，这正是"钦佩之句"蕴含分别时"伤心之情"的内在表现。

李白在上述诗中透露出了他家族中的几个从祖、族叔和数个族兄弟。族叔多，兄弟姐妹也就多，其他的从祖、族叔、兄弟已经无从知晓了。但有一点是值得肯定的，李白同族从政之人很多，从这点看，李白有一个大家族。

第二章　八极之表仙气飘

一、相貌风流蕴藉

李白在《代寿山答孟少府移文书》中自述:"近者逸人李白,自峨眉而来,尔其天为容,道为貌,巢、由以来,一人而已。"

李白作为唐朝的著名诗人早已名扬天下,他就像现在的影视明星一样,有很多"粉丝",其中魏颢就是李白的"超级粉丝",二人大有相见恨晚之感。

魏颢在《李翰林集序》中用很少的文字叙述了李白的容貌,就是这很少的文字为后来专家学者研究李白提供了重要的史料参考。

《李翰林集序》这样描述李白的外表:"眸子炯然,哆如饿虎,或时束带,风流蕴藉。"短短十六个字便勾画出了李白不同凡响的形貌和神态。从记载分析,李白的眼睛炯炯有神,但他生气的时候像是下山猛虎一般，很有气势。有时候他打扮得又很书生气，束着发带，看起来才华出众，风采特异，待人宽和，涵养丰富。

酒中八仙之一的崔宗之在《赠李十二白》诗中有"双眸光照人"之句，更证实李白的两只眼睛炯炯有神。

凉风八九月，白露满空庭。耿耿意不畅，捎捎风叶声。
思见雄俊士，共话今古情。李侯忽来仪，把袂苦不早。
清论既抵掌，玄谈又绝倒。分明楚汉事，历历王霸道。
担囊无俗物，访古千里余。袖有匕首剑，怀中茂陵书。
双眸光照人，词赋凌子虚。酌酒弦素琴，霜气正凝洁。
平生心中事，今日为君说。我家有别业，寄在嵩之阳。
明月出高岑，清谿澄素光。云散窗户静，风吹松桂香。
子若同斯游，千载不相忘。

二、身高不过七尺

开元十三年(725)，道教上清派茅山宗第十二代宗师司马承祯出游南岳衡山时路过江陵(属湖北荆州市)，李白闻讯专程拜访，并呈上自己的诗文，请其批阅。司马承祯见李白器宇轩昂，举止不凡，十分欣赏，看了他的诗文，更是惊叹不已，称赞其"有仙风道骨，可与神游八极之表"。

初出茅庐的李白得到名闻天下的道教宗师的赞誉后十分兴奋，当即写就《大鹏遇稀有鸟赋》(后改为《大鹏赋》)，序云："余昔于江陵见天台司马子微，谓余有仙风道骨，可与神游八极之表。因著《大鹏遇稀有鸟赋》以自广。"

李白在《代寿山答孟少府移文书》中称自己"自峨眉而来，尔其天为容，道为貌"，又在《对酒忆贺监·其一》诗句中说："长安一相见，呼我谪仙人。"

综上所述，李白有仙风道骨之貌，行路的姿态应该是轻便敏捷，灵动自如，脚步轻盈，飘飘欲仙。

了解了李白的面貌、走路的姿态后，我们再来看看李白的身高。

李白在《与韩荆州书》中称自己"虽长不满七尺，而心雄万夫"。意思是说，尽管自己身高不满七尺，但心志超过万人。

根据对唐朝尺度的研究，唐朝一尺约合今 30 厘米，七尺则约为 2.1 米，这种身高放在生活条件极大改善的现在也不常见，不符合李白句中暗含的意思。"虽……而……"的转折句式暗含了李白身材并不高大之意。按唐小尺计量，一尺约合今 24.65 厘米，7 尺约为 172.55 厘米，这种身高应该比较符合李白身短心高的志向，所以可以推断出李白的身高应该在 1.7 米左右。

三、文章可凌相如赋

李白少时在绵州就接受了良好的教育，再加上本身聪慧过人，过目不忘，勤奋好学，为今后成为伟大的浪漫主义诗人奠定了坚实的基础。

李白在《上安州裴长史书》中叙述自己"少长江汉，五岁诵六甲,十岁观百家。轩辕以来,颇得闻矣。常横经籍书,制作不倦,迄于今三十春矣"。意思是说:"我"少年时代在蜀中生活期间,父母就把"我"送进学堂,"我"五岁时就能背诵六甲,十岁时就能读诸子百家的文章了。从古至今发生的事件,"我"都了解得很透彻。还时常把书籍放在枕头旁边,不知疲倦地写作诗文,至今已有三十年。

李白在《与韩荆州书》告诉韩朝宗,自己"三十成文章,历抵卿相"。意思是说,"我"在三十岁时文章就很有成就了,并拜见了很多朝廷高官,他们都夸赞"我"的文章写得好。"请日试万言,倚马可待。"若要测试李白的写作能力,万言文章,他倚马便可完成。

李白又在《上安州裴长史书》中通过别人对自己文章的评价进一步表明自己的诗文创作水平。拜见益州长史苏颋时,苏长史以礼相待,十分赏识"我"的文学天才。苏长史对他的属官这样称赞"我":"此子天才英丽,下笔不休,虽风力未成,且见专车之骨。若广之以学,可以相如比肩也。"意思是:这位书生才华杰出,纵笔挥洒,虽然风骨未能定型,但文章气象宏大。若再深造,可与司马相如取得同等成就。安州安陆郡前任都督马正会,是朝廷和地方上的英豪,初次见到"我",便以礼相待,夸赞"我"是少见的奇异人才。他对李京之长史说:"诸人之文,犹山无烟霞,春无草树。李白之文,清雄奔放,名章俊语,络绎间起,光明洞徹,句句动人。"意思是:他人之文就像山无烟霞,春无草树,平淡没有什么味道。而李白的文章,清新雄奇，气势奔放，名篇佳句，接连不断。通篇明晰、畅达，句句动人。

以上是李白自己的记述，他借别人的评价，一方面夸赞自己少时聪慧好学，博闻强志；另一方面说明自己深造苦练，文章可与西汉司马相如的相媲美。事实果真如此吗？

《旧唐书·李白传》记载：李白"少有逸才"。说明李白在年轻时就有超群的才干。

《新唐书·李白传》记载：李白"十岁通诗书，既长，隐岷山。州举有道，不应，苏颋为益州长史，见白异之，曰：'是子天才英特，少益以学，可比相如。'"意思是说：李白十岁时就通读诗书，长大成人后隐居在岷山。当时所在州郡凭有道科举荐他，他都没有答应。苏颋任益州（今四川成都市）长史时，阅读了李白的诗文，认为他不同于一般人，就对属下说道："李白这个青年是天才，如果以后再稍加努力修炼，他的文章便可以同司马相如相比。"

唐人刘全白，幼能诗，为李白所知，大历八年（773）为浙西节度从事、检校大理评事。时往湖州，参与颜真卿、皎然等数十人联唱，后结集为《吴兴集》十卷，官膳部员外郎。刘全白《唐故翰林学士李君碣记》记载："君名白，广汉人……善赋诗，才调逸迈，往往兴会属词，恐古人之善诗者亦不逮，尤工古歌。"这段话说明李白极善撰写诗文，格调飘逸豪迈，就连古代善于写诗的人也不能和他相比。

魏颢在《李翰林集序》中记述："七子至白，中有兰芳，情理婉约,词句妍丽,白与古人争长。三字九言,鬼出神入,瞠若夫后耳。"这段话说明李白的诗文词句达到了出神入化的境界。

范传正在《唐左拾遗翰林学士李公新墓碑并序》中描述李白的诗文"挺三蜀之雄才,相如文逸。瑰奇宏廓,拔俗无类"。

辛文房在《唐才子传》中记载,李白"十岁通五经,自梦笔头生花,后天才赡逸"。意思是说:李白十岁时就通晓五经,他梦见笔头长出花来,此后天赋过人,才华横溢。

他写明月,有"小时不识月,呼作白玉盘""青天有月来几时,我今停杯一问之。人攀明月不可得,月行却与人相随""只今惟有西江月,曾照吴王宫里人""举杯邀明月,对影成三人""一振高名满帝都,归时还弄峨眉月""登舟望秋月,空忆谢将军""今人不见古时月,今月曾经照古人""长安一片月,万户捣衣声""明月出天山,苍茫云海间"等。

他写乡愁,有"举头望明月,低头思故乡""仍怜故乡水,万里送行舟""谁家玉笛暗飞声,散入春风满洛城。此夜曲中闻折柳,何人不起故园情""思归若汾水,无日不悠悠""天涯失乡路,江外老华发""回鞭指长安,西日落秦关""相思不可见,回首故人情"等。

他写青山,有"两岸青山相对出,孤帆一片日边来""青山横北郭,白水绕东城""吴歌楚舞欢未毕,青山欲衔半边日""寒山饶积翠,秀色连州城""满堂空翠如可扫,赤城霞气苍梧烟""南湖秋水夜无烟,耐可乘流直上天""洞庭西望楚江分,水尽南天不见云""淡扫明湖开玉镜,丹青画出是君山""两岸猿声啼不住,轻舟已过万重山""山将落日去,水与晴空宜""天边看渌水,海上见青山""蜀道之难,难于上青天""天姥连天向天横,势拔五岳掩赤城。天台四万八千丈,对此欲倒东南倾""脚著谢公屐,身登青云梯。半壁见海日,空中闻天鸡"等。

他写流水,有"飞流直下三千尺,疑是银河落九天""惊涛汹涌向何处,孤舟一去迷归年""桃花潭水深千尺,不及汪伦送我情""孤帆远影碧空尽,唯见长江天际流""请君试问东流水,别意与之谁短长""山随平野尽,江入大荒流""君不见黄河之水天上来,奔流到海不复回""三山半落青天外,一水中分白鹭洲"等。

由此可见,上述对李白及诗文的评价与李白的自我夸扬是高度契合的,直到现在,我们品读李白留下的九百多篇诗文,足以明白他的确"作赋凌相如",确实无愧于"伟大的浪漫主义诗人"这一称号。

李白的浪漫主义诗风是怎样形成的呢?

对李白诗风的认识,要本着历史唯物主义和辩证唯物主义的观点,因为任何事物的出现都不是偶然的,也有其必然的因素。笔者认为,李白创作风格的形成主要受以下四个方面的影响。

首先,唐朝政治稳定、经济繁荣是李白浪漫主义诗风形成的基础。

唯物辩证法告诉我们,物质决定意识,存在决定精神。研究作为意识形态的文学及文学现象,首先就要考察其依赖的物质基础,因为任何文学流派的产生、发展都与当时的经济基础密不可分。

唐朝是我国封建时代最强盛和统治时期较长的王朝,前有贞观之治,后有开元盛世,其疆域之大、民族之多都是空前的,甚至达到了中国封建社会的鼎盛时期。开放的时代孕育着特定的民族风气,政治上的开明、文化上的兼容性,使得大唐帝国逐步形成并孕育出一种乐观、自信与积极向上的社会风尚。

李白就生活在这样一个文化交融与经济繁荣的时代。这在他的心底打下了深深的烙印。作为被那个时代熏陶而孕育的诗人,李白像一颗巨星从盛唐的大地上冉冉升起,俯视天下。正所谓"时势造英雄",当时的文化氛围也正是他得以成长的沃土。他那追求理想、反抗权贵、争求自由的精神,使他形成张扬的个性,高亢的性格,飘逸的诗风。特别是他那吞吐天地、囊括寰宇的豪迈气势,无疑就是唐朝政治、经济全面繁荣昌盛在文化精神领域的真实反映和淋漓写照。

李白乘时代之风,翱翔于诗坛,因而他完全打破了诗歌创作的一切固有格式,不受格律和字数的束缚、羁绊,以随心所欲而变幻莫测、摇曳多姿的特点,充分体现了盛唐诗歌积极向上的时代精神。可以说,李白的积极浪漫主义风格正是盛唐气息的反映,更重要的是,当时诗歌是在南北、中外文化交流下所形成的新产物,而李白也正是在这种文化氛围的影响下步入了巅峰,成为这种新诗歌体裁的杰出代表。

其次,善于吸收、借鉴、总结是李白浪漫主义诗风形成的前提。

李白诗风的形成不仅靠唐朝经济繁荣的沃土,更重要的是吸收借鉴,不然也结不出如此丰硕的果实。李白飘逸诗风的形成与唐朝特定的文化大背景有着必然的深刻联系。

初唐的辉煌带来了文学的繁荣,而作为封建正统文学主要形式的诗歌更是迅猛地发展着,并且呈现出百花齐放、万紫千红的景象,这也造就了中国诗歌的黄金时代。唐诗的繁荣不但表现在数量上,这一时期涌现的诗人更如璀璨群星,使得诗歌的思想性和艺术性均达到较高的境界,诗作的形式和流派也都得到了空前的发展,形成中国诗歌发展史上的新纪元。

唐朝诗歌思想倾向的表现、不同题材的发展、声律的运用、语言风格的创造以及手法技巧的革新都取得了重大的进展。盛唐文化以中国本土文化为载体,广纳域外精华而蔚为大观,这种广阔的文化空间和自由的文化气氛对盛唐诗人的心理和气质所造成的影响是不可估量的,同时也促使盛唐诗人不断追求进步。而李白正是在这种时代风气的熏陶和浸润下,很快成为这个时代的典型代表。

李白怀着批判、继承、推陈出新的创作诗歌的态度,继承了以往诗人浪漫主义的创作成就,以他叛逆的思想、豪放的风格,反映了时代的进取精神以及不满封建社会秩序的潜在力量,扩大了浪漫主义的表现领域,丰富了浪漫主义的描写手法。同时他尊重传统,学习前人,又大胆创新,善于从多方面学习并汲取精华，这不仅对他诗歌思想内容的形成有着深刻的影响，并且对他诗歌语言风格的形成也起到了重要的作用。唐朝诗人陈子昂扫荡齐梁诗风的文学改革对李白影响极大，李白在《赠僧行融》中曾赞扬陈子昂"峨眉史怀一，独映陈公出"。李白"清水出芙蓉，天然去雕饰"的文学主张正是陈子昂文学革新的深化。所有这些已有的文学成就李白都是兼收并容、广为接纳，也一一加以批判地继承，并转化为自身积极浪漫主义诗风的营养。因而他的诗里有一股与云天比高、与历史等量的豪迈气概，也呈现出透明纯洁而绚丽的光彩，从而反映出他自身不肯苟同于世俗的高洁品格，这不得不让人佩服他的人格魅力。

再次，儒、道、侠思想的影响是李白浪漫主义诗风形成的核心。

李白出身于一个富有文化教养的商人家庭，他少时能"诵六甲，观百家"，喜爱击剑、游侠。他少年时代生长于道教气氛浓郁的蜀中，环境对他的儒道信仰影响极大，后来他又跟着赵蕤学习纵横术。狂傲、飘逸、洒脱的气质就从那时候就养成了，这种性格都体现在他的诗文中。

二十五岁的李白开始了漫游大江南北的游历生活，并多次希求荐用，但屡遭失败。天宝元年（742），李白奉召入京，此后一年多的时间是他一生中最为辉煌的时刻。但好景不长，没多久受张垍诋毁，仕途受到打击，使他对朝廷充满愤懑和失望，但关心国家、希望建功立业的心情始终不减。

安史之乱起,李白认为报国时机已成熟,在韦子春的三次劝说下入永王璘幕,慷慨从军。永王璘兵败被杀后,李白被定为反叛罪投入监狱。虽然他觉得极端痛苦,总是在那里挣扎、抗议、奋斗,但仍然表现出"安能摧眉折腰事权贵,使我不得开心颜"的铮铮傲骨! 在这一时期,他揭露现实的作品越来越多,反抗精神也更加强烈。李白深受儒家思想的熏陶,儒家的"达则兼济天下"的信念,使他有"济苍生,安黎元"的远大抱负。

这种理想成为他一生目标追求的基石。但"穷则独善其身"的思想不免与道家厌世的思想合流,游侠的思想又使他重诺轻物,轻视传统,追求个性的张扬,养成狂傲不拘、飘逸洒脱的气质和豪迈旷达的作风。

李白深深受到道家思想的影响,老子的"无为"、庄子的"无用"思想,厌世、孤傲的风格可在李白身上找到影子,这种道家思想影响又有着双重作用。积极的一面是养成了狂放不羁、大胆追求个性自由的性格。森严的封建礼节和庸俗的社会关系使他窒息,令他在黑暗的社会中找不到出路,所以便采取狂放不羁的生活态度,急切地追求着个人自由以及人与人之间的平等。消极的一面是表现出颓废避世的态度,一味地求山访道、饮酒作乐、脱离现实,将道家那种人生如梦、及时行乐的消极因素带到了他的诗中,无形中削弱了他浪漫主义的表现力和感染力。独特的经历也造就了他独特的思想,而独特思想又造就了诗人独特的性格。它们既有区别又有联系,在李白身上以不同的程度体现出来。这就导致他积极与消极、入世与出世、求仕与隐居思想行为的交织与融合。天地之道,得之于心,吐之于文章,这就是李白诗歌的特点。儒、道、侠三种思想奇妙地统一于李白的性格和气质中,使他在诗歌创作时表现出强烈的浪漫主义精神和极大的批判现实主义的力量。

李白极富浪漫主义色彩的诗风旷古绝今,并且在中国文学浪漫主义诗歌的发展历程中独树一帜,开创了继屈原以后浪漫主义诗歌的新高峰,这是众多主客观因素在诗人身上相互交织作用的结果,更是诗人扩大浪漫主义的表现领域、丰富浪漫主义的手法的必然结果。李白浪漫主义诗风的形成也对后代产生了极为深远的影响,他的诗名在当代已广泛传扬,到贞元时期,他的没有定卷的诗集已"家家有之",韩愈、孟郊等名家都大力赞扬他的诗歌,李贺浪漫主义的诗风更显然是受过他的启发,辛弃疾、高启、龚自珍乃至郭沫若等大家也从李白的诗歌中汲取养料、丰富自己。李白诗歌的浪漫主义风格不愧是中国诗歌发展史上一道亮丽的风景线。

最后,三山五岳、大江浩浩是李白浪漫主义诗风形成的灵感。

李白热爱大自然,"五岳寻仙不辞远,一生好入名山游",足迹遍及蜀中、黄河、江淮、浙江流域的名山大川,到处寻访名山胜水。他登临高山,向远处眺望,江水滔滔、孤帆远影、草木葱茏、众鸟高飞、猿声哀啼等一一在他眼前呈现、在他耳边回响,眼前看到的、耳边听到的都为诗人的创作提供了"明朗清新,意境开阔"的艺术素材和激情灵感。

李白以"此行不为鲈鱼鲙,自爱名山入剡中"的激情和"乍向草中耿介死,不求黄金笼下生"的气概,写下了奇彩纷呈的山水诗作,刻画了祖国雄奇秀丽的山水风光,表现了他对美好景物的热烈向往之情。

他在《访戴天山道士不遇》中写道:

> 犬吠水声中,桃花带露浓。
>
> 树深时见鹿,溪午不闻钟。
>
> 野竹分青霭,飞泉挂碧峰。
>
> 无人知所去,愁倚两三松。

在诗人笔下,蜀中的戴天山,山奇钟秀,泉犬声夹,带露的桃花分外妖娆,深林中的麋鹿隐约可见,含烟的野竹更显青翠,碧峰挂飞泉,人迹罕至,意境幽深,如同一幅引人入胜的山水图,让人流连忘返,未至恨未消。

开元十三年(725),二十五岁的李白离开四川,经巴渝、出三峡、渡荆门,漫游至湖北、湖南一带楚国故地,游览江汉平原。李白在《渡荆门送别》中写道:

> 渡远荆门外,来从楚国游。
>
> 山随平野尽,江入大荒流。
>
> 月下飞天镜,云生结海楼。
>
> 仍怜故乡水,万里送行舟。

诗人穿过两岸绵亘的崇山峻岭，面对渐行渐远而消失的远山，看到滚滚奔流的江水，便以新奇的视觉和豪迈的心情，写下了平原的广阔和长江的壮美。

李白的山水诗在汲取、总结前人艺术滋养的同时，又发展了传统的诗歌艺术，形成了自己独特的艺术风格。如《秋登宣城谢脁北楼》诗中"两水夹明镜，双桥落彩虹。人烟寒橘柚，秋色老梧桐"的秋景，《入清溪行山中》诗中"起坐鱼鸟间，动摇山水影。岩中响自合，溪里言弥静"的碧水，《鹦鹉洲》诗中"烟开兰叶香风暖，岸夹桃花锦浪生"的花木，《望天门山》诗中"两岸青山相对出，孤帆一片日边来"的楚江，《关山月》诗中的"明月出天山，苍茫云海间"的山月等，无不以新奇隽永的笔触，绘声绘色地描画出壮美的山光水色，给人以境界开阔的特殊感受。

李白在山水诗的创作中，最擅长以情写景、以景抒情、情景交融。如在《早发白帝城》中写道：

> 朝辞白帝彩云间，千里江陵一日还。
>
> 两岸猿声啼不住，轻舟已过万重山。

这首诗作于唐肃宗乾元二年（759）春，当时李白因入永王璘幕受牵连被流放夜郎，取道四川赴贬地，中途遇赦。遇赦的惊喜，让诗人情不自禁，当即从白帝城放舟折返，东下江陵。诗人兴高采烈，两岸秀丽的风光是那样亲切，实现政治理想的幻觉又浮现眼前，出将为相的入仕之门似乎又为自己打开，随之而来的便是"两岸猿声啼不住，轻舟已过万重山"。全诗气势豪爽，情景交融，精妙至极，可谓"惊风雨而泣鬼神"。

《黄鹤楼送孟浩然之广陵》诗中的"孤帆远影碧空尽,唯见长江天际流",抓住孤舟远影于水天之际慢慢消失的远景,勾勒出高远无穷的送别故人的意象,水天茫茫,故人远去,不知何时再相逢,表达出对故人的无限思念之情。

《听蜀僧濬弹琴》中的"客心洗流水,余响入霜钟。不觉碧山暮,秋云暗几重",《夜泊牛渚怀古》中的"牛渚西江夜,青天无片云"等,仅用两句,便生动地刻画出了自然景物的主要特征,诗人把真挚的感情深沉而含蓄地表达了出来,给人以美好的艺术享受。

李白以豪迈的胸怀,饱满的热情,奔走于大唐的山水之间,手持如椽巨笔,描摹出河山的壮丽秀美,他将自己对自由、对光明的渴望与追求,融化在山水诗作之中,情景交融,韵味悠长。他壮绘直落九天的瀑布、奔腾咆哮的黄河和崎岖险阻的蜀道,卓然独具地再现了大自然的雄奇壮美,从而产生了大气磅礴、撼人心魄的艺术效果,从此他屹立于诗词王国的浪漫主义的艺术巅顶,奠定了其在中国山水诗文学发展史上"奇峰突起,意境独辟"的特殊地位。

四、剑术出神入化

李白不仅是一位诗人,还是一位技术高超的剑客。

《唐故翰林学士李君碣记》《新唐书·李白传》《唐才子传·李白》中均记载:李白"然喜纵横术,击剑,为任侠"。意思是说,李白年轻时跟着赵蕤学习纵横术,而且很欣赏这套理论。"纵横术"也有"合纵连横"的说法。相传战国时期诸侯征战,一些有识之士开始有了用武之地,鬼谷子的两个学生张仪、苏秦看到天下大乱,认为实现政治抱负的时机来临了。于是苏秦通过合纵佩戴六国相印,张仪靠"三寸不烂之舌"连横破纵。李白正是受到了纵横术的影响,开始练习击剑,梦想当个和荆轲一样的游侠之士,希望在遇到动乱的年代能有用武之地。

李白在《与韩荆州书》中称自己"十五好剑术,遍干诸侯"。意思是十五岁开始练习剑术,并且拜访了许多地方长官。

自古燕赵之地多义士,是游侠诞生之地,此地的青少年崇尚习武。骆宾王的"此地别燕丹,壮士发冲冠",就是对豪侠荆轲英雄形象的写照。天宝六载(747),李白在《留别广陵诸公》诗中写道:"忆昔作少年,结交赵与燕。"意思是说,回忆自己的青年时代,结识的都是燕赵之地的豪杰。李白和这些燕赵之士在一起习武练剑,等待机会报效国家,为朝廷出力。

开元二十四年(736),李白初游东鲁时写下了《五月东鲁行答汶上君》一诗,他在诗中写道:"顾余不及仕,学剑来山东。"意思是说:只因为我不能走上仕途,为学剑术来到了山东。

唐朝大诗人王维在《赠裴旻将军》一诗中赞扬裴旻剑术高超,英勇善战,令敌人胆寒:

腰间宝剑七星文,臂上雕弓百战勋。

见说云中擒黠虏,始知天上有将军。

裴旻因剑术高超,被唐文宗称为"三绝"之一。李白也曾向裴旻学习剑术,他在给裴旻的信中说:"奴白,愿出将军门下。"

李白除自己苦练剑术外,还到各地漫游拜师学艺。通过长期练习,他的剑术达到了较高水平。

魏颢在《李翰林集序》中记载:李白"少任侠,手刃数人"。就是说他年少时侠气很重,有击杀数人的高超本领。

李白在《结客少年场行》中写道:

少年学剑术,凌轹白猿公。珠袍曳锦带,匕首插吴鸿。
由来万夫勇,挟此生雄风。托交从剧孟,买醉入新丰。
笑尽一杯酒,杀人都市中。

诗的主要意思是:少年学习剑术,剑术高超,连白猿公都败在少年的手下,飞上枝头化为一只猿猴。少年穿着装饰着珠宝的锦袍,腰间插着匕首。他自小英勇,如今更显雄风。他与豪侠剧孟结为好友,一同去新丰饮酒。少年志气豪猛,哪怕在都市中,杯酒之间就可以结束一个人的性命。

看来李白的剑术达到了炉火纯青的地步,舞起剑来出神入化,他在诗文中写道:"酒后竞风采,三杯弄宝刀。杀人如剪草,剧孟同游遨。""十步杀一人,千里不留行。""托身白刃里,杀人红尘中。"杜甫也写诗称赞李白剑术的高超:"杀人红尘里,报答在斯须。"

现存的李白诗文中,与"剑"相关的字词共出现一百零七次,去掉作为地名的"剑阁"三次、"剑壁"一次,涉及武器之"剑"还有一百零三次(其中属于剑的"铗"出现一次、"吴钩"一次、"吴鸿"一次、"湛卢"一次、"干将"一次、"莫邪"一次、"青萍"二次、"秋莲"二次、"霜雪"二次、"匕首"三次、"龙泉"四次等），分布在一百零六首诗中，这些诗约占李白诗歌总数的 10%。

五、管晏之谈帝王术

"大鹏一日同风起，扶摇直上九万里。"青年李白满腹经纶，豪情万丈，充满理想主义的色彩，他毅然仗剑去国，辞亲远游，怀着极为强烈的入世激情和才能自信，决心在大唐的政治舞台上大显身手，干一番惊天动地的大事，实现兼济天下的雄伟抱负。

"虽长不满七尺，而心雄万夫。"唐人刘全白在《唐故翰林学士李君碣记》中记述李白的从政志向为"不求小官，以当世之务自负"。

李白在《代寿山答孟少府移文书》中表现出锐意进取的精神：以"不屈己，不干人"的处事原则，"乃相与卷其丹书，匿其瑶琴"，实现"申管、晏之谈，谋帝王之术。奋其智能，愿为辅弼，使寰区大定，海县清一"的远大政治抱负，功成后"浮五湖，戏沧洲"，飘然出世归隐。

"天夺壮士心，长吁别吴京。"宝应元年（762），这位天才诗人长吟《临终歌》后便与世长辞。在诗中，他感叹自己宏大的志向没有实现。就在这一年，玄宗、肃宗相继去世，代宗即位，任用了一批沦落在野的人才，下诏任命李白为左拾遗。但诏书下达时,李白已不在人世。对李白而言,这一政治荣誉来得太晚了,李白的政治态度可以概括为"梦已醒,心未死",他在政治上的追求至死不渝。

六、飞扬跋扈为谁雄

《旧唐书·李白传》《新唐书·李白传》《唐才子传》均记载李白"尝乘舟,与崔宗之自采石至金陵,着宫锦袍坐,旁若无人"。

唐人刘全白在《唐故翰林学士李君碣记》中记载:"君名白,广汉人。性倜傥。"

范传正在《唐左拾遗翰林学士李公新墓碑并序》中记载李白"不拘常调"。

魏颢在《李翰林集序》中记述李白"乃放形"。

上述史书都记载了李白倜傥放形的性格。他的性格主要受道家思想影响,因而狂放不羁、蔑视权贵。

当他想建功立业的时候,儒家"达则兼济天下"的思想占了上风;当遭受政治打击的时候,道家思想便起到支配作用。"我本楚狂人,凤歌笑孔丘""尧舜之事不足惊,自余嚣嚣直可轻",孔子和被儒家奉为圣人的尧舜都被他嘲笑和轻视。

李白抱着"不屈己,不干人"的态度去"平交王侯",他恃才傲物的资本在诗中表现得淋漓尽致:"仰天大笑出门去,我辈岂是蓬蒿人""安能摧眉折腰事权贵,使我不得开心颜""松柏本孤直,难为桃李颜""昔在长安醉花柳,五侯七贵同杯酒。气岸遥凌豪士前,风流肯落他人后""黄金白璧买歌笑,一醉累月轻王侯"等诗句,主要表现他内心的高傲。

杜甫在《饮中八仙歌》中写李白"天子呼来不上船,自称臣是酒中仙"。李白的一位追随者任华赞扬李白"数十年为客,未尝一日低颜色",可见李白在权贵面前毫不屈服,为维护自我尊严而勇于反抗,这是魏晋以来重视个人价值和重气骨传统的重要内容。

"世间行乐亦如此,古来万事东流水。"面对李白性格的孤傲和实现政治理想道路的坎坷,杜甫在《赠李白》诗中劝说道:"秋来相顾尚飘蓬,未就丹砂愧葛洪。痛饮狂歌空度日,飞扬跋扈为谁雄?"杜甫与李白感情深厚,互相尊重,在这首诗里,杜甫对李白的遭遇感同身受,他规劝李白要像道家葛洪那样潜心于炼丹求仙,不要整日痛饮狂歌、虚度时光,何必飞扬跋扈、称雄人前。杜甫在赞叹之余,感慨万千,扼腕之情,油然而生:你藐视权贵,拂袖而去,沦落漂泊,虽尽日痛饮狂歌,然终不为统治者赏识;虽心雄万夫,而何以称雄? 虽有济世之才,然焉能施展?

七、安得彩虹上青天

李耳是道家的鼻祖、创始人,李白自称是李耳的后代,和唐朝宗室是一个祖先。在唐朝,道教是国教。信道之人有两大任务,一是炼丹,二是修道成仙。

河南的云梦山、老君山、王屋山,浙江的天台山、天姥山,陕西的终南山等都是道教圣地,假如你有登临山顶,山上云雾蒙蒙,置身其间,宠辱皆忘,其喜洋洋者矣,宛若自己也是修道之人,在这里修道成了神仙。

李白在很小的时候就开始信仰道教。他有诗曰:"十五游神仙,仙游未曾歇。"

李白曾于开元十三年(725)拜访唐朝道教代表人物司马承祯,并得到宗师赞誉。此次会面对李白影响很大,李白表示司马承祯神游八极,"五岳寻仙不辞远,一生好入名山游"。

二人于江陵分别后未再谋面。开元十五年(727),唐玄宗召司马承祯到京都问道,因深感天台山路途遥远,宗师来去不便,就命他在济源王屋山建阳台观修炼,并让玉真公主跟随宗师学道。开元二十三年(735),司马承祯在阳台观去世,葬于王屋山松台。司马承祯仙化以后,李白没有忘记宗师最后修道羽化的王屋山阳台观。他还于天宝年间多次登天台山,瞻仰司马承祯修道遗迹。天宝三载(744),李白与杜甫、高适同游王屋山阳台观,遂有感而作《上阳台》四言诗,并亲笔书写成帖,来纪念这位道师。《上阳台帖》内容为:

山高水长,物象千万,非有老笔,清壮何穷。十八日,上阳台书,太白。

《上阳台帖》用笔纵放自如,快健流畅,于苍劲中见挺秀,意态万千,可谓国家顶级珍宝。

贺知章见到李白的第一眼,惊讶地称其为"谪仙人"。李白也非常喜欢这样的称呼,并为此而骄傲。

信道之人的终极目标就是成为神仙,成为神仙的先决条件就是炼丹,服食丹药。

唐朝,道教给修道之人列出了修成神仙的时间表和升仙路径,具体为:服食丹药十天之后,可以消食;两个月以后,不得冷疾;三个月以后,百病痊愈;四年以后,精神有余;五年以后,骨髓充满;六年以后,面色光泽,犹如童子;七年以后,白发变黑;八年以后,新牙生长出来;九年以后,皮肤细腻光滑;服食丹药满十年以后,面若桃花;十一年以后,骨头变轻;十二年以后,修成正果,就可以长生不老、位列仙班了。

从成仙的路径和时间表来看,修仙并不太难,只要潜心修道,认真服食丹药,十几年就可修成正果,飞到天上去,和天上的神仙一起饮酒欢歌。

"世无洗耳翁,谁知尧与跖。"李白在人世间找不到进入仕途的路径,只有到仙界找寻自己的快乐了。围绕这个目标,李白一边漫游寻道,潜心修道,一边采药炼丹,服食丹药。

他来到了泰山,见到了仙童:"偶然值青童,绿发双云鬟。笑我晚学仙,蹉跎凋朱颜。"来到了华山,遇见了神仙:"邀我登云台,高揖卫叔卿。恍恍与之去,驾鸿凌紫冥。"又来到了庐山,他"遥见仙人彩云里,手把芙蓉朝玉京。先期汗漫九垓上,愿接卢敖游太清"。然后到了天姥山,神仙更是列队欢迎他:"霓为衣兮风为马,云之君兮纷纷而来下。虎鼓瑟兮鸾回车,仙之人兮列如麻。"

李白见到仙人后,便开始寻找炼丹的原材料——仙草。

他在诗中写道:"我来采菖蒲,服食可延年。""愿餐金光草,寿与天齐倾。""尔去掇仙草,菖蒲花紫茸。"

李白采得仙草后,就开始炼制丹药,服食延年,修炼成仙。他在诗中叙述炼丹的辛苦:"炼丹费火石,采药穷山川。""安得不死药,高飞向蓬瀛。""早服还丹无世情,琴心三叠道初成。"这是对李白冶炼丹药、服食丹药的真实写照。

李白还动员自己的家人宗氏一起炼丹服丹,共赴仙界:"拙妻好乘鸾,娇女爱飞鹤。提携访神仙,从此炼金药。"好像已经看到了成仙后的美好生活。

李白对神仙世界的憧憬以及对自由的向往,在他的诗中表现得淋漓尽致,充满遐想:

古风·其四十一

朝弄紫泥海,夕披丹霞裳。挥手折若木,拂此西日光。
云卧游八极,玉颜已千霜。飘飘入无倪,稽首祈上皇。
呼我游太素,玉杯赐琼浆。一餐历万岁,何用还故乡。
永随长风去,天外恣飘扬。

诗中的"紫泥海",指东方朔成仙之事。《汉武洞冥记》记载,东方朔去,经年乃归,母曰:"汝行经年一归,何以慰我耶?"朔曰:"儿至紫泥海,有紫水污衣,仍过虞渊(日没处)湔洗(洗涤),朝发中返,何云经年乎?"此处化用了这个典故。

这首诗的意思是:"我"清晨到紫泥海去游玩,把衣服都弄脏了,黄昏时却披上了由彩霞纺织的衣裳回来了。在昆仑山上折下若木枝,挥动着遮住了落日的余晖。乘着云彩游遍八方,虽经千年的风霜剥蚀,容颜依旧如玉发光。飘然进入无边无际的天宫,见到天帝后,向他行大礼祈福。天帝邀请"我"一起遨游天地,并赐我美酒。在天宫吃上一顿饭,人间已过万年,往日的朋友早已不在人世了,"我"何必再回故乡呀。愿乘着长风,在天地间任意游荡。

古代所谓"仙丹",都是多种矿物质的混合体,并且含有许多有毒有害物质,所以服食仙丹后不仅不能成仙,还会对身体造成严重伤害。

李白"将欲倚剑天外,挂弓扶桑。浮四海,横八荒,出宇宙之寥廓,登云天之渺茫"的政治抱负没有实现;他渴望成仙的日子始终也没有到来。他为此彷徨、苦闷,多么希望天上出现斑斓的彩虹,架在天上作为飞仙的长桥,盼望神仙伸手拉自己一把,到天上享受"玉杯赐琼浆"的欢快生活。

焦山望寥山

石壁望松寥,宛然在碧霄。

安得五彩虹,驾天作长桥。

仙人如爱我,举手来相招。

也许这个世界太小,装不下心比天高、身如大鹏的李白,他只有羽化在千年的时光里,沿着悠长的文化故道在浩瀚无垠的宇宙里飞翔。他不会随风而去,更不会消失得无影无踪,正如他的身体已化作了山川,和青山同在,李白不会死去,他获得了永生,他永远地活着,成为不可磨灭的永恒"诗仙"。

八、何人不起故园情

一生不停奔忙的李白,既有浪漫主义的豪情,也有孤独无奈的时候,孤独时李白也会思念家乡,忆起故人,会怀念漫游的旧地。

开元十四年(726),二十六岁的李白躺在扬州的客栈里,望着天上圆圆的明月,孤独感袭上心头,思乡之情油然而生,便写下了《静夜思》:

床前明月光,疑是地上霜。

举头望明月,低头思故乡。

开元十五年(727)初,李白出蜀东游到达扬州时生了一场大病,想到自己功业未就,又久病缠身,感慨世道艰难,写诗寄给蜀中挚友赵蕤,以抒发思乡怀友之情。

淮南卧病书怀寄蜀中赵征君蕤

吴会一浮云,飘如远行客。功业莫从就,岁光屡奔迫。

良图俄弃捐,衰疾乃绵剧。古琴藏虚匣,长剑挂空壁。

楚怀奏锺仪,越吟比庄舃。国门遥天外,乡路远山隔。

朝忆相如台,夜梦子云宅。旅情初结缉,秋气方寂历。

风入松下清,露出草间白。故人不可见,幽梦谁与适。

寄书西飞鸿,赠尔慰离析。

开元二十二年(734),李白写下了《春夜洛城闻笛》:

> 谁家玉笛暗飞声,散入春风满洛城。
>
> 此夜曲中闻折柳,何人不起故园情。

深夜玉笛的声音,触动了诗人的羁旅情怀。

上元二年(761),六十一岁的李白又登上了海拔只有三百多米的敬亭山,这是他第七次也是最后一次来到这里。

敬亭山,原名昭亭山,位于安徽省宣城市区北郊的水阳江畔,属黄山支脉,山势呈西南—东北走向,大小山峰六十座,拥有一峰、净峰、翠云峰三大主峰,最高峰翠云峰海拔324.1米。西晋时为避晋文帝司马昭名讳,改称"敬亭山"。历代咏颂敬亭山的诗、文、记、画数以千计,因此被誉为"江南诗山"。

2023年5月,笔者和好友沿着李白的足迹登临这座山,我们边行边思,静坐在敬亭远眺,反复讨论李白为什么要来这里七次?高兴时来,失落时来,有人簇拥时来,独自一人时来,这座山有什么特殊之处呢?

敬亭山在宣州,宣州是六朝以来的江南名郡,大诗人谢朓为南朝萧齐文学家,曾在宣城任太守,史称"谢宣城",曾作《游东田》诗集,距敬亭山五公里处就是谢朓经常登临吟诗的谢朓楼。谢朓是山水诗作的大家、鼻祖,李白游玩的好多地方,都是受谢朓山水诗的指引。李白一生非常推崇谢朓,曾写下"一生低首谢宣城""蓬莱文章建安骨,中间小谢又清发"的诗句。李白很多诗中都引用过谢朓的作品,其埋葬地当涂县青山脚下,是当年谢朓居住过的地方。

　　流放夜郎又遇赦归来的李白，饱尝了人间辛酸滋味，看透了世态炎凉，他又想起了一生崇拜的谢朓，想起了曾经给他带来欢乐的敬亭山。六十一岁的李白这一次是独自登临，再也没有纵酒论诗的豪情，陪伴他的只有山顶的风。他静坐在山顶，回想起自己跌宕起伏的一生，像是一场虚幻的梦，惊世的才华让他誉满大唐，但也掩盖不了他一生的遗憾，他并不是生来就想做个谪仙人，而是有着建功立业的宏伟梦想，可惜他的志向有多高，就摔得有多重，他想做展翅的雄鹰，可唐玄宗却只想让他做一只金丝雀，用来装点华丽的宫廷，后来他被赐金放还，安史之乱后又被流放夜郎，他心中那场原以为可以燎原的大火，只剩下在风中飘散的灰烬。曾经的他"会须一饮三百杯"，以为可销万古愁，结果发现只会"举杯消愁愁更愁"，真可谓"白发三千丈，缘愁似个长"。天高地远，长风浩荡，李白一定体会到了无尽的孤独，没有人陪伴自己，唯一可望的便是眼前的敬亭山："众鸟高飞尽，孤云独去闲。相看两不厌，只有敬亭山。"群鸟高飞远去，浮云悠然飘走。李白终于想明白了，欣赏自己的不是当朝权贵，是眼前的敬亭山，只有这座相看两不厌的敬亭山对他不离、不弃，只有它才能理解自己、包容自己、抚慰自己……

　　其实，我们每个人的一生中又何尝没有这样一座敬亭山？这座敬亭山就在我们每一个人的心中，它是我们的家乡，我们的故园，或者是我们曾经留恋的地方。当你在生活中跌跌撞撞，在岁月里起起伏伏，穿过云层，走过迷雾，总有一天你会突然发现,那座山原来一直在那里,它接纳你所有的恢宏和光鲜,也抚慰你的狼狈不堪,它那么沉默,那么安静,相信每一个人此时的心境与其说是寂寞凄凉,还不如说是另一种平静。

直到一千多年后的今天,这座敬亭山还在那里静静地等待,等待着每一个和它"相看两不厌"的人。

第三章　娶妻入赘也坦然

　　"身无彩凤双飞翼，心有灵犀一点通。"如果要问这世间有哪些美好的事物，爱情一定是一个必不可少的选项。它可以天真如"郎骑竹马来，绕床弄青梅"，也可以挚爱如"一日不见兮，思之如狂"；它可以平凡如"上言加餐食，下言长相忆"，也可以珍惜如"曾经沧海难为水，除却巫山不是云"。

　　李白长期奔波在外，与妻子聚少离多，只有通过写诗来表达对妻子的思念。在十多首《寄远》诗句中，他是这样表达爱情的："相思千万里，一书值千金。""遥将一点泪，远寄如花人。""秋草秋蛾飞，相思愁落晖。何由一相见，灭烛解罗衣。"

　　李白的忘年交魏颢在《李翰林集序》记载："白始娶于许，生一女，一男曰明月奴，女既嫁而卒。又合于刘，刘诀。次合于鲁一妇人，生子曰颇黎。终娶于宗。"这段话的意思是：李白开始娶许氏为妻，二人育有一个女孩、一个男孩，男孩的名字叫明月奴，女孩出嫁后就亡故了。之后李白和一位刘姓女子住在了一起，一段时间后因感情不和又分开了。此后又和东鲁的一位女子住在了一起，生一男孩，取名颇黎。最后娶宗氏为妻。寥寥几句话，勾勒出李白与四个女人的关系。

唐代知识分子在政治生活中很两个重要的主题，一个是婚，一个是宦。"宦"就是做官的意思，婚对宦有重大影响。当时的知识分子结婚，主要是瞄准五大氏族。

一是河北清河或博陵崔氏。姓崔的人家，是大姓望族，唐朝时崔氏家族有十六人当过宰相。

二是范阳卢氏。据史料记载，从汉朝到唐朝中期，范阳卢氏就有四百六十多人入朝为官。

三是陇西李氏。以陇西为郡望、以盛唐为旗帜的陇西李氏，在历史的长河中，代有伟人，英贤辈出，播迁各地，享誉中外。李姓是华夏根深叶茂、源远流长的巨族大姓，周有老聃、秦有李斯、汉有李广，"后汉二十八将""秦王府十八学士""凌烟阁二十四功臣"皆有李氏族人，数不胜数，特别是唐代李姓王朝的建立，使李姓由中兴发展到大兴。

四是河南荥阳郑氏。荥阳郑氏在进入新朝后，一方面继续保持与皇室的联姻，多家世代为驸马，仅《新唐书·诸帝公主传》就记有八位公主嫁荥阳郑氏。另一方面也愈发重视科举功名，如《唐摭言》所说："草泽望之起家，簪绂望之继世。孤寒失之，其族馁矣；世禄失之，其族绝矣。"荥阳郑氏顺应了科举制度，家学传统较早完成了由经学到辞赋之学的转型，累代

皆有进士科人才,唐代郑氏科举及第者凡 158 人,其中进士
114 人(状元 13 人)。

五是河东柳氏。河东柳氏是河东一大名门望族,由"河东
狮吼"的典故,人们可以看到河东柳氏在中国历史上的名气。
自秦开始,柳姓子孙定居于河东,世代繁衍,也盛于河东,终成
河东望族。至唐时,柳氏与河东薛氏、裴氏并称为"河东三著
姓",名盛天下。"著"是由他们门第之中人才辈出,活跃于国
家的政治、经济、军事、文化舞台之上的人物之多、之出众所决
定的。其中,大文学家、思想家柳宗元就是柳氏家族最为杰出
的代表人物。

"河东狮吼"的典故很有名,说的是宋代大诗人苏东坡有
一个朋友叫陈季常,其妻子柳氏是一个嫉妒心很强的女子。
北宋时期,在家宴请客人吃饭时,人们多喜欢请来一些歌姬陪
酒。陈季常经常在家宴客,每当歌女陪酒时,柳氏就用木棍敲
打墙壁,把客人骂走。另外,陈季常平时很喜欢谈论佛事,事
后苏东坡借用狮吼戏喻其悍妻的怒骂声,作了一首题为《寄吴
德仁兼简陈季常》的长诗,其中几句是这样写的:"东坡先生无
一钱……只有霜鬓无由玄。龙丘居士亦可怜,谈空说有夜不
眠。忽闻河东狮子吼,拄杖落手心茫然。"

诗中的龙丘居士就是陈季常,"河东"是借用唐代诗圣杜
甫关于"河东女儿身姓柳"的诗句暗喻陈妻柳氏,另外柳氏也
是河东郡的显贵姓氏。这首诗极为生动地记述了作者困窘、
柳氏凶悍以及季常无奈的景况,后来人们便把"河东狮吼"作

为妒妻悍妇的代称。

从魏晋南北朝至唐朝，人们择偶非常看重门第，也就是讲究门当户对。若与豪门望族攀上姻亲关系，将对你今后的政治发展有很大的推动作用。李白在选择配偶时也意识到了门弟的重要性。

下面，笔者分别介绍李白组建的四个家庭和他的子女。

一、始娶许氏两相悦

李白生前没有人给其写传记，他本人也没有给自己立传。关于他的家世，至今仍存在很多谜团。

开元十三年（725），二十五岁的李白走出巴蜀大地，开始行走天下，寻求施展政治抱负的机会。李白走遍长江中下游，于开元十四年（726）来到了安陆，也就是今天湖北的安陆市，诗人的生活在这里发生了一次重要转折。

在安陆，李白结束了自己的单身生活，娶妻生子。个性张扬的李白在选择妻子的观念上有什么与众不同之处吗？

李白第一任妻子许紫烟（许萱），是唐高宗时期宰相许圉师的孙女。当时李白是入赘到许家的女婿。李白这么做的原因，笔者推测，一方面是受到西域地区突厥文化的影响，另一方面是整个唐代的社会观念比较开放。

赘婚起源很早，先秦时期就有，史称周初之太公望为齐之逐夫，《史记·滑稽列传》中有"淳于髡者，齐之赘婿也"。至于入赘的缘由，大多为女方无子，需要招赘传宗接代，并且承担徭役等,《汉书·贾谊传》"家富子壮则出分,家贫子壮则出赘"就说明了缘由。唐代沿袭秦汉旧例,比如《旧唐书·室书传》记载:"婚嫁之法,男先就女舍,三年役力,因得亲迎其妇。役日已满,女家分其财物,夫妇同车而载,鼓舞共归。"可以看出,唐代的赘婿,可以在女家生活并且帮助完成劳役,三年后就可以带着妻子回自己家,还能分得女方家财。然而事实上,由于魏晋南北朝以来的门第等级观念影响深远,人们怕被人看不起而不愿意招赘,因而大多招赘之家有余财或者是权贵,一般家庭只能往嫁。还有一点,那就是唐代的赘婿并非必须更姓换名,依随女方姓氏,而是只需要在女家住满三年就可以分财并且带妻子回家,这些其实都是为了完成徭役而出台的鼓励政策。

那么,李白为什么娶许氏为妻并且入赘许家呢?

《新唐书·郝处俊传》记载了一个关于安陆望族的典故。隋唐时期,湖北一带有句话,叫"贵如许、郝,富若田、彭"。《新唐书·郝处俊传》提到的"贵如许",就是指安陆的望族许家,许家世代为官。

《旧唐书》卷五十九记载:"许绍,字嗣宗,本高阳人也,梁末徙于周,因家于安陆。祖弘,父法光,俱为楚州刺史。元皇帝为安州总管,故绍儿童时得与高祖同学,特相友爱。大业末,为夷陵郡通守。"这段话告诉世人,许绍与唐朝开国皇帝李渊是同学,而且彼此相互关爱,关系非常密切。许绍次子许圉师,唐高宗龙朔年间升为左相。许圉师任相州刺史期间教化为先,政存宽惠,尝有官吏犯赃事露,许圉师不令推究,但赐《清白诗》以激之,犯者愧惧,遂改节为廉士,其宽厚如此。离开相州后,当地百姓立碑纪念之。

由此可见,李白正是看中了许紫烟豪门望族的家庭背景,考虑到自己将来的仕途,并以此为跳板来实现自己匡君济世的政治抱负,才在好友孟浩然的撮合下与许氏结合,并入赘许家。

李白与许氏婚后育有一子一女,子名伯禽(小字明月奴),女名平阳。

"伯禽"曾是西周周武王之弟周公旦长子的名字,他被分封到鲁国后牢记父亲周公"务在利民而不要以利民者自居"的教导,努力发展生产,教化当地人民遵守礼仪规范,寻访天下贤士,把鲁国治理得井井有条,深受鲁国人民的爱戴。

"平阳"曾是汉武帝同胞姐姐的名字,平阳公主初封阳信公主,嫁给平阳侯曹寿,册封平阳公主,生下一子曹襄。汉武帝即位后,被尊为长公主。曹寿死后,再嫁汝阴侯夏侯颇。元鼎二年(前115),夏侯颇畏罪自杀。元朔五年(前124),再嫁大司马卫青。

李白为什么给两个孩子取这样的名字呢?史料均未记载,李白也没有说明原因。历史上的"伯禽""平阳公主"均是贵族,富贵不可企及。笔者认为,李白给子女取这样的名字可能是希望他们长大后如历史上的"伯禽""平阳公主"那样富贵,这也是对孩子的一种美好祝愿和寄托吧。

李白又为什么给儿子伯禽起个小名叫明月奴呢？

笔者推测，一方面，李白特别喜欢明月，明月在他的诗文中多次出现，如"小时不识月，呼作白玉盘""床前明月光，疑是地上霜""人攀明月不可得，月行却与人相随""我在巴东三峡时，西看明月忆峨眉""举杯邀明月，对影成三人""只今惟有西江月，曾照吴王宫里人""今人不见古时月，今月曾经照古人"等。另一方面，"奴"字并不是"奴隶""仆人"的意思，而是一种爱称、昵称。比如唐高宗李治小名"稚奴"。早在魏晋南北朝时，很多达官贵人崇尚此等命名习俗，如南朝宋武帝刘裕小名寄奴，南朝陈后主陈叔宝小名黄奴，南朝陈名将任忠小名蛮奴，北魏的李诉小名真奴，北魏将领王德之子王庆小名公奴。此后依旧有此习俗，如隋朝诗人卢思道小名释奴，唐朝宰相李林甫小名哥奴，五代时期后唐闵帝小字菩萨奴，等等。也可能孩子出生时正值皓月当空，银光满地，李白就为伯禽取小名"明月奴"。很明显这个名字也具有特殊意味，那就是希望伯禽能够成为治国理政、担当大任的辅政人才。

许氏在和李白成婚十年后就撇下两个子女，带着遗憾撒手人寰了。从此，李白的两个子女与父亲聚少离多，李白从安陆出发，至宣州，至东鲁，至当涂……

李白与许氏婚后的感情生活如何呢？

李白和许氏结婚后，应该过得无忧无虑，夫妻感情生活还是融洽的。李白在安陆的白兆山桃花岩修筑了新居，其后不久他又漫游各地去了。由于李白喜欢饮酒，其妻对此十分担心,李白对此也有一些反省,但却戒不了酒。开元二十五年(737),李白离别妻子、儿女出去漫游,许氏恋恋不舍、眼含泪花送别。李白看妻子担心自己,遂写下一首《赠内》诗:

> 三百六十日,日日醉如泥。
>
> 虽为李白妇,何异太常妻。

这首诗的意思是:一年三百六十天,我天天都喝得酩酊大醉,如烂泥一般。你虽然是我李白的夫人,和那整天不顾家的周太常的妻子又有什么区别呢?

诗中提到的"太常"为官名,指东汉的周泽,时掌管天子礼乐祭祀等事务。周泽为太常时,嗜酒如命,又好斋戒,常卧病斋宫不归家,与妻子不常相见。但其妻认为他年龄偏大,担心其身体健康,便前去看他。周泽大怒,以其妻"干犯斋禁"为由送交诏狱谢罪。

从诗中可以看出李白对妻子得不到应有的关怀而感到抱歉,表现出对妻子深深的内疚之情。

二、再续刘氏情不合

李白与许氏结婚十年后,许氏因病去世。对于李白和他的两个孩子来说,这无疑是一个家庭悲剧。许氏去世之后,李白还有什么感情生活呢? 是独身还是续弦?

李白是入赘许家的,许氏去世后,便不能继续在许家住下去了,于是他带着一双儿女将家安顿在了安徽的宣州。

其间,李白的感情生活再一次发生变化,一位刘姓女子走进了他的生活。这位刘姓女子可能是仰慕李白的名声和才情，和李白住在了一起。开元二十七年(739)夏，李白举家迁到安徽南陵定居。

但李白终日漫游、饮酒放浪的性格没有改变，依然我行我素，再加上这期间也没有求得一官半职，一段时间后，他们夫妻的感情出现了裂痕。刘氏感觉到和李白在一起并不是和原来想象的那么美好，埋怨和委屈涌上心头，刘氏就开始冷嘲热讽起来。

刘氏的变脸，终日的絮叨，让李白内心感到不快。

天宝元年(742)，李白接到了朝廷的诏书，他终于有机会进京赴任。李白异常兴奋，满以为实现远大政治理想的时机到来了，立刻回到南陵家中，与儿女告别。

李白到长安赴任时，伯禽、平阳年龄尚小，不懂父亲为什么要离开他们。面对子女的恋恋不舍，又想起刘姓女子挖苦嘲笑的言语，李白写下了《南陵别儿童入京》一诗：

> 白酒新熟山中归，黄鸡啄黍秋正肥。
> 呼童烹鸡酌白酒，儿女嬉笑牵人衣。
> 高歌取醉欲自慰，起舞落日争光辉。
> 游说万乘苦不早，著鞭跨马涉远道。
> 会稽愚妇轻买臣，余亦辞家西入秦。
> 仰天大笑出门去，我辈岂是蓬蒿人。

这首诗的大意是：白酒刚刚酿好，我正好也从山中漫游归来，那啄着谷粒的黄鸡秋天已经长得肥肥的。我急忙呼唤童仆杀鸡炖肉，斟上刚刚酿好的白酒，孩子们因不懂父亲的心思，就扯住我的衣服，嬉笑着问我又离开家干什么去。面对孩子们的疑问，我一边唱着歌，一边大杯喝着酒，以此来表达我的快慰之情，从中午一直喝到太阳落山，我趁着酒醉就舞起剑来，飞舞的闪闪剑光可与落日争辉。苦于未在更早的时间游说万乘之君，只能快马加鞭奋起直追开始奔远道。有很多人像会稽愚妇轻视西汉大臣朱买臣一样轻视我，所以，我今天也辞家西去长安。面对刘氏的指责、挖苦，我不屑一顾，仰面朝天大笑着走出家门，像我这样才高八斗的优秀人才，怎么会长期身处草野呢？

关于诗中提到的"会稽愚妇轻买臣"，据《汉书·朱买臣传》记载：吴人朱买臣，家贫，好读书，四十岁了还没有固定职业，靠割草砍柴换取粮食，妻子因得不到富贵而嘲笑他、挖苦他。几年后，妻子仍然看不到转机，提出让朱买臣休了她，朱买臣苦苦挽留，但妻子不顾劝阻毅然离开了他。五十岁时，经在朝廷任侍中的同乡严助推荐，皇帝任命朱买臣为会稽太守。朱买臣赴任路上，前妻和她的丈夫闻讯后，早早打扫好街道等待他。朱买臣看到前妻，就用车把他们接到府衙，供其饭食。一月后，前妻羞愧难当，就上吊自尽了。

李白用诗句忠告刘氏，你现在看不起我，我到长安后，皇帝会封我官职，我也会像朱买臣那样衣锦还乡的，你见了我就会羞愧难当的。

就这样，李白与刘氏结束了同居生活，托人把两个孩子安置在东鲁,自己到长安接受皇帝的任命去了。

可是,后来李白想起对刘氏的态度,又觉得非常内疚,他又写《去妇词》反省了自己的行为:"古来有弃妇,弃妇有归处。今日妾辞君,辞君遣何去?本家零落尽,恸哭来时路。忆昔未嫁君,闻君却周旋。"

三、东鲁女子生颇黎

魏颢在《李翰林集序》中记载:"次合于鲁一妇人,生子曰颇黎。"意思是:李白又和鲁地的一位女子住在了一起,并生下一男孩,名颇黎。

李白为什么又给自己的儿子取一个怪怪的名字呢?

据汉东方朔《十洲记》记载:"昆仑山上有红碧颇黎宫,名七宝堂是也。"唐代诗人李商隐有《饮席戏赠同舍》诗:"唱尽《阳关》无限叠,半杯松叶冻颇黎。"由此可见,"颇黎"是一种天然宝石。李白为儿子取名"颇黎",可能是希望儿子像天然的稀世宝物"颇黎"那样卓尔不凡,为人所重。

后来的史料里再也找不到东鲁女子和颇黎的记载,在李白诗文中也没有找到东鲁女子和颇黎的任何信息,估计在颇黎年龄很小的时候,母子二人均已相继离开了人世。

四、宗氏买壁结佳缘

李白被唐玄宗赐金放还后,怀着苦闷的心情来到了洛阳,遇见了杜甫和高适,相互仰慕、志趣相投的几人很快成为诗友。李白与杜甫的相遇,让"诗仙""诗圣"紧紧地连在一起,成为享誉中国,乃至世界的"李杜"。闻一多在他撰写的《杜甫》一文中用饱含感情的笔墨,描述了李杜二人的交往和友谊:"我们该当品三通画角,发三通摧鼓,然后提起笔来蘸饱了金墨,大书而特书。因为我们四千年的历史里,除了孔子见老子(假如他们是见过面的),没有比这两人的会面,更重大,更神圣,更可纪念的。我们再逼紧我们的想象,譬如说,青天里太阳和月亮走碰了头,那么,尘世上不知要焚起多少香案,不知有多少人要望天遥拜,说是皇天的祥瑞。如今李白和杜甫——诗中的两曜,劈面走来了,我们看去,不比那天空的异瑞一样的神奇,一样的有重大的意义吗?"两位伟大诗人留给后人优秀传统文化的精神食粮,浪漫主义、现实主义诗词紧紧地结合在一起,永远醇香,飘过高山大川,历经风霜雨雪,历久弥新,经久不衰。

关于李白、杜甫、高适同游梁宋(今河南省开封市、商丘市一带),后面会详细介绍,此处不再赘言。

李白游梁宋后,回到东鲁,看了看两个子女,又开始了漫游生涯。当走到梁园(在今河南商丘)时,发生了一段爱情故事,李白、宗氏二人相见恨晚,演绎出了动人的浪漫恋歌。

"千金买壁"成就了李白终娶宗氏女子的美丽故事。

李白与宗氏的初次见面非常有意思。当时正值李白应诏入宫,却又因为谗言诽谤被赐金放还。李白离开长安后继续漫游于黄河、长江流域。

他和杜甫、高适同游于梁宋，当走到梁园时，就在梁园住了下来。三人虽为好友，心境却不一样。一方面，三人在年龄上有差别。彼时李白四十四岁，杜甫三十三岁，比李白小十一岁；高适四十一岁，比李白小三岁。另一方面，他们三人的境遇不同。李白刚刚从政治中心出来，远大的政治抱负没有得到施展，心中苦闷，爱发牢骚；杜甫、高适二人的人生道路还没有展开，对前途充满了希望。

一日，三人聚在一起喝酒，酒醉之后的李白怀着苦闷的心情来到了一座寺庙，他想起政治仕途的不顺，报国无门，自己满怀希望进入长安又被赐金放还，由希望变失望，情绪上下起伏，才思敏捷的李白愤然在寺院的墙壁上写下了抒发内心苦闷的诗文《梁园吟》：

> 我浮黄河去京阙，挂席欲进波连山。
> 天长水阔厌远涉，访古始及平台间。
> 平台为客忧思多，对酒遂作梁园歌。
> 却忆蓬池阮公咏，因吟渌水扬洪波。
> 洪波浩荡迷旧国，路远西归安可得！
> 人生达命岂暇愁，且饮美酒登高楼。
> 平头奴子摇大扇，五月不热疑清秋。
> 玉盘杨梅为君设，吴盐如花皎白雪。
> 持盐把酒但饮之，莫学夷齐事高洁。
> 昔人豪贵信陵君，今人耕种信陵坟。
> 荒城虚照碧山月，古木尽入苍梧云。

梁王宫阙今安在？枚马先归不相待。

舞影歌声散绿池，空余汴水东流海。

沉吟此事泪满衣，黄金买醉未能归。

连呼五白行六博，分曹赌酒酣驰辉。

歌且谣，意方远。

东山高卧时起来，欲济苍生未应晚。

李白在这首诗中，把自己从充满希望到希望破灭这一重大转折的复杂感情，真切生动地抒发出来，但满腔报国的理想一直没有破灭。下面分层次逐一分析。

从诗的开头到"路远西归安可得"句为第一层意思。作者主要抒发离开长安后悲苦、郁闷的心情。离开政治中心长安，就意味着从政道路的坎坷，一向豪情万丈的李白此时内心的苦闷是可想而知的。但他这种低沉的情绪，并不是直白地表达出来的，而是结合自己离开京城时见到的景物，融情于景，自然地流露出来。"我浮黄河去京阙，挂席欲进波连山"，那滔滔黄河的巨浪如群峰横亘、连绵起伏的群山，喻示作者脚下坎坷不平的仕途。"天长水阔厌远涉"，长河万里，遥远的前路又在何方？诗人辞别亲人，仗剑去国，怀揣报国之志，十几年的仕途追求，一年多的翰林待诏，也正如这前路一样渺茫，失意厌倦的情绪蕴含其中，让读者感觉到诗人沉重、疲惫的步履。诗人用沉郁的笔墨为全诗奠定了总基调。

接着，诗人通过访古迹、忆古人，继续抒发怀才不遇的愁绪，想到阮籍的哀吟，"徘徊蓬池上，还顾望大梁。绿水扬洪

79

波,旷野莽茫茫……羁旅无俦匹,俯仰怀哀伤"(《咏怀诗》),这和自己的遭遇有何两样?由阮诗中的蓬池、洪波又转向浩荡的黄河,由浩荡的黄河又引向迷雾中的长安京都。一声"路远西归安可得"的慨叹,表达出诗人对理想破灭的惋惜无奈,道出了低沉忧思的根本原因。

从"人生达命岂暇愁"句到"分曹赌酒酣驰辉"句为第二层意思。诗人以为命该如此,就认命吧,然后开始借酒浇愁,酒后心里更添忧愁。越愁越醉,越醉越愁,这种状态下心中越感到世事艰辛,人生道路崎岖,苦闷至极的心情如脱缰的野马迅速释放出来,由释放转为狂放,又由狂放转为狂饮。

为排解心中苦闷,诗人登上高楼饮美酒,邀请歌女唱小曲,遣愁放怀愁不走。叫来奴仆摇一摇扇,五月的天就像秋天一样凉爽;端来用玉盘盛满的鲜梅,蘸着似雪的吴盐,安慰一下自己,人生不得意也要尽开颜,适应时代,一定不要学周朝的伯夷、叔齐那样不食周粟,隐居在山上靠挖野菜充饥,最后活活饿死。我要拿着皇上赏赐的金子和朋友一起喝酒吃肉。

看一看窃符救赵、豪贵一时的信陵君,如今他的坟地照样被人耕种,可见权力只是一时的。对西汉做出突出贡献的汉武帝的叔父梁孝王,他住过的宫室都已成了陈迹。昔日的两个文豪大家枚乘、司马相如也早已不在人世了。所有的尘迹正如过眼烟云被时间冲刷掉,剩下的只有"荒城"和"舞影"。一切都过去了,喝着酒,呼着号子来打发以后的时光。简单几笔便勾画出酣饮豪博的醉酒形象,那种狂饮不羁、忘乎所以的情态跃然纸上。

最后几句表明诗人对未来仍充满幻想，"歌且谣，意方远。东山高卧时起来，欲济苍生未应晚"，这是第三层意思。在今后的日子里，我且歌且谣，暂做隐士，等待时机，把希望寄予将来。这就是李白，心中再失落，只要有一线希望，绝不放弃自己的理想。就像东晋的谢安，先高卧东山，一旦时机成熟，再起来大济苍生，犹未为晚也。

这首诗的成功之处就在于作者善于形象地抒写感情，从客观景物到历史遗事，以至一些生活场景，把它如数家珍般勾画出来，如同让读者亲眼看到一个才华横溢的、正直苦闷的灵魂在挣扎、在抗争，在被无情地摧残。

这首长诗写在墙壁上，李白把心中的苦闷释放了，可吓坏了寺里的小和尚。

寺里的小和尚看到洁白的墙壁上被李白写上了字，很害怕被方丈责骂，就想偷偷重新粉刷墙壁。

巧合的事发生了，也许宗氏早就注意到李白了，也许是这天宗氏在家闲来无事，就与丫鬟一起来到寺庙上香拜佛。当宗氏看到墙壁上龙飞凤舞的诗作《梁园吟》时，便反复吟诵起来。一方面，宗氏非常钦佩李白的文采；另一方面，宗氏很同情李白的遭遇。

小和尚刚要刷去墙壁上的字迹，就被宗氏制止了。于是宗氏拿出了一千两银子，把整面墙壁都买了下来。这就是"千金买壁"故事的由来。

宗氏凭着家族显赫的出身和政治头脑，读懂了李白在诗中抒发的苦闷心情和政治抱负不得实现的遗憾。同时，李白也被宗氏"千金买壁"的真情所打动，为宗氏曾经显赫的家庭所吸引。相互欣赏和共同的志趣爱好，让他们走到了一起，李白开启了第四段婚姻。

宗氏跟李白有一个共同的爱好，那就是信奉道教。李白曾经在《题嵩山逸人元丹丘山居》中说："家本紫云山，道风未沦落。沉怀丹丘志，冲赏归寂寞……拙妻好乘鸾，娇女爱飞鹤。提携访神仙，从此炼金药。"

这首诗是李白写给他的好友元丹丘的，诗中说我们这一家子跟着你元丹丘一起修道炼丹，希望都能飞到天上去当神仙。

这位宗氏女子究竟有什么显赫的家庭背景呢？

宗氏的祖父就是活跃在武则天和唐中宗时代的政治风云人物宗楚客。

《太平广记》记载："唐天后内史宗楚客性谄佞。时薛师有嬖毒之宠，遂为作传二卷。论薛师之圣，从天而降，不知何代人也。释迦重出，观音再生。期年之间，位至内史。"

新旧唐书均记载：宗楚客，字叔敖，蒲州河东人，则天从父姊之子也。曾三度拜相，权倾朝野。宗楚客巧言令色，长期依附于武则天、武三思、韦皇后、安乐公主。和其弟、纪处讷结为朋党，骄恣跋扈，人神同疾，是唐朝有名的佞臣之一。

宗楚客还包藏祸心，据《新唐书》记载："楚客等欺神诬君，且有大咎。又曾密语其党曰：'始，吾在卑位，尤爱宰相；及居之，又思天子，南面一日足矣。'虽外附韦氏，而内蓄逆谋，故卒以败。"

正如明代学者朱载堉《不足歌》云："终日奔波只为饥，方才一饱便思衣。衣食两般皆俱足，又思娇娥美貌妻。娶得美妻生下子，又思无田少根基。门前买下田千顷，又思出门少马骑。厩里买回千匹马，又思无官被人欺。做个县官还嫌小，要到朝中挂紫衣。不足歌，不足歌，人生人生奈若何？若要世人心满足，除非南柯一梦兮！"韦氏败后，宗楚客兄弟皆被诛杀。

但宗楚客也有过人之处，《新唐书》记载："武后时，降突厥沓实力吐敦者，部落在平夏。会边书至，言吐敦反，楚客为兵部员外郎，后召问方略，对曰：'吐敦者，臣昔与之言，其为人忠义和厚，且国家与有恩，必不反。其兄之子默子者，狡悍，与吐敦不和，今言叛，疑默子为之，然无能为。'俄而夏州表默子劫部落北奔，为州兵及吐敦所擒。议者或不同，独楚客言：'万世利也。'"

天宝十载（751）五月，李白和宗氏在梁园结婚，正式入赘宗家。

有什么资料证明李白是入赘宗家的呢？

从李白《自代内赠》诗中的"女弟争笑弄，悲羞泪盈巾"句可推断，宗氏不但自己住于梁园，她的妹妹也和她住在一起。如果这是宗氏和李白结婚后所住的家，按照当时习俗，宗氏的妹妹应住在宗家而不会住在姐夫家里。因此，李白这次是入赘于宗家。

李白这次是只身入住于宗府,还是和他的孩子一同住在宗家呢?

李白在《送杨燕之东鲁》诗中曰:"二子鲁门东,别来已经年。因君此中去,不觉泪如泉。"

李白把子女寄养在东鲁,日后又与宗氏成婚,按照伦常,宗氏理当哺养前妻子女,负起母亲的责任,李白自当把子女接到梁园和继母住在一起,让他们受到应有的照顾,为什么李白只能忍住内心的痛苦,让子女在无至亲照料的情况下独自生活,到底是什么原因阻挡了李白与子女的团聚?

我们只能从李白与宗氏之间婚姻的性质上去寻找答案。李白这次至梁园成婚,和他到安陆成婚一样,当是"宗相公家见招",实际上是赘婿的身份。自己入赘宗家,也就不便把和许氏生育的一双子女接到宗府去了,故李白只好"不觉泪如泉"了。

婚后,李白和宗氏的感情还是比较好的。李白继续他的漫游生活,在漫游中寻找自己的仕途发展,宗氏继续居住在宋城梁园操持家务,两人聚少离多,只好通过书信来往互诉衷肠。

下面这首《秋浦寄内》作于天宝十四载(755)秋,是其即将离开秋浦(今安徽池州市贵池区),前往浔阳(今江西九江)之际给妻子宗氏的回信。

我今浔阳去,辞家千里余。结荷倦水宿,却寄大雷书。

虽不同辛苦,怆离各自居。我自入秋浦,三年北信疏。

红颜愁落尽,白发不能除。有客自梁苑,手携五色鱼。

开鱼得锦字,归问我何如。江山虽道阻,意合不为殊。

这首诗采用诉说的方式与妻子对话,正如拉家常,于平淡中见真情。大体意思是:今天我就要到浔阳去漫游了,计算一下距家已有千里。我居住在荷花池边,为你写这封家信。虽然我们各自辛苦着,但都因为长期分居而悲伤。我来到秋浦后,三年中很少收到你的书信。年轻的容颜已经退去,头上的白发增加很多。从梁园来了位客人,手中拿着你写给我的书信。我打开你的书信,客人问我还有什么话语要捎带的吗?我只想说,虽然我们路途遥远,江山阻隔,但思念你的心永远不会改变。

长期在外漫游的李白深知,日夜盼望自己回家的妻子一定会埋怨自己。李白就代宗氏作诗,来表达对自己的思念。

自代内赠

宝刀截流水,无有断绝时。妾意逐君行,缠绵亦如之。

别来门前草,秋巷春转碧。扫尽更还生,萋萋满行迹。

鸣凤始相得,雄惊雌各飞。游云落何山?一往不见归。

估客发大楼,知君在秋浦。梁苑空锦衾,阳台梦行雨。

妾家三作相,失势去西秦。犹有旧歌管,凄清闻四邻。

曲度入紫云,啼无眼中人。妾似井底桃,开花向谁笑?

君如天上月,不肯一回照。窥镜不自识,别多憔悴深。

安得秦吉了，为人道寸心。

这首爱情诗文词朴实，情感缠绵凄楚，感人肺腑。特别是"妾似井底桃，开花向谁笑？君如天上月，不肯一回照"，宗氏把自己比作"井底桃"，桃花虽开得鲜艳，但是开在别人看不到的"井底"，怎么会有人来赏识呢？我这枝盛开的桃花，本为丈夫而开，但夫君长期在外漫游，如同天上的明月，吝啬到一次也不肯照到"井底"，照到自己身上。比喻新颖独特，别具一格。此言此语，凄凄切切，情感真挚，在表达艺术上剔除浮躁，入木三分，出神入化。

天宝十四载冬月初九（755 年 12 月 16 日），安禄山从范阳（今北京）起兵，李白携妻子宗氏南下避难。至德元年（756）秋，李白与夫人登上庐山，这也是他第三次登上庐山，隐于庐山屏风叠，并作《赠王判官，时余归隐，居庐山屏风叠》一诗。"苦笑我夸诞，知音安在哉？大盗割鸿沟，如风扫秋叶。吾非济代人，且隐屏风叠。"李白这首诗，实际上是对自己的前半生做了一个总结，并表达了当此国家危急存亡之秋自己却无从用力的悲愤失望情绪。

天宝十四载（755），安史之乱爆发。至德元年（756）十二月，李白怀着一颗报国之心入永王李璘幕府。"王命三征去未还，明朝离别出吴关。白玉高楼看不见，相思须上望夫山。"辞别宗氏后，李白期待永王能利用水军从扬州直通幽州，取安禄山老巢，剿灭叛军。好梦不长，永王璘成了玄宗和肃宗权力斗争的牺牲品。永王璘兵败被杀后，李白因此而下狱。

居住在豫章(即南昌)的宗氏闻讯后,立即四处奔走呼号,翻过险峻的吴章岭赶到浔阳,千方百计地营救李白出狱。

患难见真情,李白在浔阳狱中时,惦记儿子伯禽与妻子宗氏,"穆陵关北愁爱子,豫章天南隔老妻。一门骨肉散百草,遇难不复相提携",表达对宗氏的感激、思念之情。在李白动身去夜郎时,宗氏的弟弟宗璟赶去送行,李白感喟道:"我非东床人,令姊忝齐眉。"对于宗氏,他有说不尽的敬爱与歉意。

宗氏是名门之女,李白的最后一位夫人,也是陪伴李白时间最长的。她不仅知书达理,而且深明大义,多次劝说李白不要加入永王幕府,而当李白决意要去时,她并未硬拦,当李白因此落入监狱时,她又立即为之四处奔走。这一方面体现了她对李白深沉的爱,另一方面展现出一个女人的政治智慧和协调能力。

奇怪的是,从李白流放夜郎遇赦直至去世,都没有了宗氏、宗璟的相关记录。李阳冰在《草堂集序》中也未提及宗氏。范传正曾见到过李白的两个孙女,也看到并阅读了李伯禽写的族谱,他在《唐左拾遗翰林学士李公新墓碑并序》中也没有提及宗氏到底去了哪里。李白去世时,宗氏是否在其身旁,也不得而知。

也许李白流放夜郎后,宗氏又回到了豫章居住,因相距较远,消息闭塞,没有听到李白被赦免的消息;也许宗氏认为,李白流放夜郎后,再也不会有回来的可能,会在那里终老一生。总之,宗氏、宗璟姐弟送走李白后,可能与李白再未相见。

第四章　仕途上下苦求索

唐朝知识分子读书不是为了写诗、颂文,而是为了入朝从政、出将入相,在朝堂上实现治国平天下的政治抱负。杜甫、韩愈、白居易、柳宗元、刘禹锡如此,李白更是如此。

在唐朝求取功名主要有五种方法:

第一种是通过正规途径参加科举,但名额有限,难度高,有些人一辈子也考不上。唐朝科举科目主要分进士、明经两种。进士科主要考诗文,刘禹锡、柳宗元、白居易为进士科出身;明经科主要考儒家经典,元稹为明经科出身。

第二种是以门荫世袭,像韩朝宗就是以这种方式入仕的,说到底,就是朝中有个当大官的亲戚。

第三种是故意以隐居方式造势,等待朝廷招募。

第四种是通过结交公卿、贵族、名人等,得到他们的推荐,从而踏上仕途,这也是李白想要的方式。

　　第五种方式比较残忍，没多少人愿意去做，就是净身入宫当宦官，毕竟唐朝中后期的宦官还是挺有权力的，掌握神策军，手握兵权。

　　综观李白一生，其思想是比较复杂的。儒家、道家、纵横家、游侠思想对他都有影响。他企羡神仙，向往隐逸的生活，可是又不愿"一朝飞腾，为方丈、蓬莱之人"，而要"申管、晏之谈，谋帝王之术，奋其智能，愿为辅弼，使寰区大定，海县清一"（《代寿山答孟少府移文书》）。他有着远大的政治抱负，但又不愿走科举之路。他想通过隐居、求仙获取声望，从而在名人荐举下受到皇帝征召重用，以便实现"济苍生""安社稷"的理想，然后功成身退。诗人就是在这一思想指导下度过狂放而又坎坷的一生。李白现有存诗九百多首，这些诗歌或以奔放的激情表达对理想政治的热烈追求，对建功立业的渴望；或以犀利的笔锋揭露政治集团的荒淫腐朽；或以善描的画笔点染壮丽的山河。他的诗篇，无论五言七言，无论古体近体，无不别具风格，具有强烈的浪漫主义色彩。

　　李白一生的梦想就是入朝为官，做宰相、为帝王师是李白做官的终极目标。围绕这个目标，李白上下求索，他认为自己进入官场不能走一般人通过科举考试层级晋升的老路，而是要扶摇直上，走跨越式的发展道路，直抵终极目标。

　　李白寻找仕途的途径归纳起来就是三个字："荐""隐""找"。

一、自"荐"路上苦摸索

自荐就是自己推荐自己。李白认为要凭个人本事达到个人目的。

(一)当面推荐

1.找李邕推荐

大约开元八年(720),青年李白漫游到渝州(治所在今重庆市),听说时任渝州刺史的李邕在当地政声颇佳,善于奖掖后进,遂前去谒见。

李邕(678—747),字泰和,广陵江都(今江苏扬州)人,唐代书法家、文学家。《旧唐书·李邕传》记载:李邕"颇自矜",为人自负好名,对年轻后进态度颇为矜持。李邕在开元七年(719)至九年(721)前后任渝州刺史。

那时的李白初出茅庐,年轻气盛,见到李邕不拘礼节,以傲慢的姿态开始高谈阔论,致使李邕不悦,李白见状甚是气愤,临别之时写下了这首颇不客气的《上李邕》一诗作为回敬。

> 大鹏一日同风起,扶摇直上九万里。
>
> 假令风歇时下来,犹能簸却沧溟水。
>
> 世人见我恒殊调,闻余大言皆冷笑。
>
> 宣父犹能畏后生,丈夫未可轻年少。

大鹏是李白诗赋中常常借以自况的意象,它既是自由的象征,又是惊世骇俗的理想和志趣的象征。李白曾作《大鹏赋》,自比为庄子《逍遥游》中的大鹏鸟。这首诗的意思是说:

大鹏一日从风而起,扶摇直上九万里之高。即使在风歇时飞下来,其力量之大,也能激起沧海之水。人们见我好发奇谈怪论,听了我的发言皆冷笑不已。孔圣人还说后生可畏,大丈夫可不能轻视年轻人啊!

史载:李邕"素负美名……人间素有声称,后进不识,京洛阡陌聚观,以为古人。或传眉目有异,衣冠望风,寻访门巷"。对于这样一位名士,年纪轻轻的李白竟敢指名直斥与之抗礼,足见青年李白的气识和胆量,"不屈己,不干人"地笑傲权贵、平交王侯,正是李白的本色和高傲性格的显现。因李邕有奖掖后进的好名声,李白拜谒李邕的主要目的有两个:一是展示自己的才华,扩大影响面;二是让李邕向朝廷推荐自己。李白谒见时态度傲慢,使李邕心中不快,一首《上李邕》诗更让李邕感到李白是"世人见我恒殊调,闻余大言皆冷笑",估计这次李白计划让李邕推荐的目的没有达到。从后来两人第二次见面的情势看,李白对李邕还是很敬佩的。

李邕曾任北海〔治营陵(今山东潍坊市昌乐县东南)〕太守,故名李北海,在这里发生过一件文人聚会的动人雅事。

天宝四载(745),中国诗坛上的两位巨星杜甫和李白齐聚齐州,并一起漫游齐鲁大地,留下了许多脍炙人口的诗篇。李白、杜甫来齐州的消息不胫而走,很快传到北海,时任北海太守的李邕立即赶往齐州与他们会面,并在新建的历下亭宴请了李白、杜甫。席间李邕与李白、杜甫把酒长谈,谈诗论史,就在这次欢宴中,杜甫留下了"海右此亭古,济南名士多"的佳句。

李白在北海再次见到李邕，百感交集，觥筹交错后，他一方面为当年在渝州作诗时的年少气盛感到懊悔，另一方面更为钦佩李邕舍己救人的义举。李邕见义救人的故事是这样的：有一个女子，丈夫被人谋害，她持刀复仇，刺杀真凶，因而获罪，罪当极刑。李邕奋不顾身上疏朝廷，救下女子。由此李白写下了叙事乐府《东海有勇妇》："学剑越处子，超腾若流星。捐躯报夫仇，万死不顾生。白刃耀素雪，苍天感精诚……豁此伉俪愤，粲然大义明。北海李使君，飞章奏天庭。舍罪警风俗，流芳播沧瀛。名在烈女籍，竹帛已荣光。"诗中，李白对李邕舍己救人的壮举给予了高度评价。

天宝六载（747），送别杜甫和李白两年后，七十岁的李邕因狂傲的性格和屡出诤谏之言得罪了奸相李林甫，李林甫又查出淄川太守裴敦复曾荐李邕于北海，遂将李邕、裴敦复"就郡决杀"。

李邕冤死的消息传到杜甫那里，杜甫悲痛欲绝，愤然写道："坡陀青州血，芜没汶阳瘗。"

李白听到李邕的死讯，愤怒、感叹涌上心头，他大声疾呼："君不见李北海，英风豪气今何在？君不见裴尚书，土坟三尺蒿棘居。"此时的李白对李邕的态度有了颠覆性的转变，一方面敬佩李邕的英豪，另一方面揭露了李林甫的奸诈和朝廷的腐败黑暗。

2.找吴筠推荐

据《旧唐书·李白传》记载："天宝初，客游会稽，与道士吴筠隐于剡中。既而玄宗诏筠赴京师，筠荐之于朝，遣使召之，与筠俱待诏翰林。"《新唐书·李白传》也记载："天宝初，南入会稽，与吴筠善，筠被召，故白亦至长安。"

新旧唐书均记载，天宝初年吴筠应诏入京被任命为翰林待诏，并借机向唐玄宗推荐了李白，后二人一起做翰林待诏。

吴筠，唐代著名道士，华州华阴（今属陕西）人。少通经，善属文。性高洁，不随流俗，因举进士不第，乃入嵩山，受正一之法。开元中，南游金陵，访道茅山，后又游天台，观沧海，与名士相娱乐，文辞传颂京师。玄宗闻其名，遣使召见于大同殿，令待诏翰林。问以道法，答曰："道法之精，无如《五千言》，其诸枝词蔓说，徒费纸札耳。"又问神仙修炼之事，答以"此野人之事，当以岁月功行求之，非人主之所宜适意"。足见吴筠是一位道行高深、有政治思想的道教名人。

李白来到会稽，听说吴筠在此，便前去拜访。二人见面后，大有相见恨晚之感，他们在一起说玄论道，品味诗文，李白对吴筠那高绝的诗作和修道成仙的论述拜服不已；李白飘逸的诗风，让吴筠赞不绝口，同时也对李白潜心修道表示赞赏。共同的志趣和爱好，使他们迅速结为好友，交情也就益见深厚。这次见面，李白应该向吴筠提及了入朝为国效力的强烈愿望，因此吴筠在被任命为翰林待诏后向朝廷推荐李白也就顺理成章了。

然而，王屋山人魏颢在《李翰林集序》中并未提到吴筠向朝廷推荐李白的事，仅记述道："白久居峨眉，与丹丘因持盈法师达，白亦因之入翰林，名动京师。"明确说明李白经元丹丘、玉真公主推荐而入翰林。

李阳冰也未在《草堂集序》中提到吴筠推荐李白的只言片语。李白去世五十多年后，范传正访李白后代，见到了他的两个孙女，二人皆嫁农夫，生活艰难。范传正从李白两个孙女口中得知，其生前愿望是将来葬于谢脁曾居住过的青山，李阳冰却葬李白于龙山。范传正乃与当涂县令诸葛纵一起将李白迁葬青山，即今日李白墓所在之地。范传正可谓对李白的家世及后来经历较为了解，也未在《唐左拾遗翰林学士李公新墓碑并序》中提到吴筠推荐李白为翰林待诏之事。

魏颢、李阳冰是见过李白的人，而且与李白关系不一般，二人均未提及吴筠，是李白故意隐瞒，还是对此事不知情呢？范传正见过李白的两个孙女，并看到了李白的儿子伯禽留下的文字记录，也未提及吴筠推荐李白入朝为官的事。李白去世一百八十多年后，《旧唐书》才撰写完成，《新唐书》在宋仁宗嘉祐五年（1060）写成，此时距李白去世已近三百年。《新唐书》是在《旧唐书》的基础上撰写而成的，二者记录的重大历史事件基本上是一致的。那么，道教名人吴筠是否推荐过李白入朝为官呢？从现存的资料看，笔者认为吴筠与李白的关系较好，都是同道之人，他应该是向朝廷推荐了李白，但估计此次推荐没有引起唐玄宗的重视，也就没有推荐成功。

（二）写信推荐

1.《代寿山答孟少府移文书》

开元十五年（727），经人介绍，李白与故相许圉师的孙女结婚,便开始以安陆为中心,到四处漫游。在安陆定居期间,李白张扬的个性、不事权贵的高傲风格,使当地官员不悦,为此李白便写下了《代寿山答孟少府移文书》,来回应当地官员。

《代寿山答孟少府移文书》将寿山拟人化,以游戏的口吻,代寿山答孟少府之指责,写寿山虽无名而奇伟秀丽,是隐喻自己怀才不遇;同时,文中也提到自己,并申述了自己高远的理想。整篇文章带有自序的性质。寿山,在安陆市西北,相传山下民有寿百岁者,故称寿山;移文,犹言檄文,指晓谕或申讨的文书。李白于这篇文章中复述孟少府移文的内容说:"昨于山人李白处见吾子(孟少府)移文,责仆以多奇,鄙仆以特秀,而盛谈三山五岳之美,谓仆小山无名,无德而称焉。"

同时,文中也提到自己,自称"申管、晏之谈,谋帝王之术","愿为辅弼,使寰区大定,海县清一"。表明自己有远大的志向和政治抱负,你孟少府是无法理解的,"燕雀安知鸿鹄之志哉"。

2.《上安州裴长史书》

开元二十二年(734),李白给安州(今湖北安陆市一带)裴宽长史写信,在信中申述自己轻财好施、存交重义、养高忘机以及富有才情等品行。文章先论自己博学多才,有四方之志;再论自己乐善好施,重情重义;接着写自己隐居养禽,修养品格;然后写名流俊彦对自己作品的评价,借他人之口,道出自己文章的非同寻常;最后盛赞裴长史地位高贵,英俊潇洒,才华横溢,希望裴公提携自己。

同时,也向裴宽解释自己遭受诽谤谗言蒙受不白之冤的情况,表明自己当年并未追随李林甫,陷害裴宽等人,并表明如果裴宽不信其所言,自己将再次进京、弄清事实真相。

李白在《上安州裴长史书》中是这样具体申述自己的特长的。

首先,说明自己少时聪明,博学多闻:"少长江汉,五岁诵六甲,十岁观百家。轩辕以来,颇得闻矣。常横经籍书,制作不倦,迄于今三十春矣。"

其次,表明自己有四方之志,故出蜀远游,目的在于寻求政治出路:"以为士生则桑弧蓬矢(桑木做的弓,蓬梗做的箭),射乎四方……乃仗剑去国,辞亲远游。"

再次,表明自己有爱心,视金钱如粪土:"曩昔东游维扬,不逾一年,散金三十余万,有落魄公子,悉皆济之。"

复次,表明自己重义气、够朋友:"又昔与蜀中友人吴指南同游于楚,指南死于洞庭之上,白禫服恸哭,若丧天伦。炎月伏尸,泣尽而继之以血。行路间者,悉皆伤心。猛虎前临,坚守不动。遂权殡于湖侧,便之金陵。数年来观,筋骨尚在。白雪泣持刃,躬申洗削。裹骨徒步,负之而趋。寝兴携持,无辍身手。遂丐贷营葬于鄂城之东。故乡路遥,魂魄无主,礼以迁窆,式昭明情。此则是白存交重义也。"

最后,表明自己是一位奇异的人,非同寻常:"又昔与逸人东严子隐于岷山之阳,白巢居数年,不迹城市。养奇禽千计。呼皆就掌取食,了无惊猜。广汉太守闻而异之,诣庐亲睹,因举二以有道,并不起。此白养高忘机,不屈之迹也。"

对照李白诗《别匡山》"莫怪无心恋清境,已将书剑许明时",李白的宏伟志愿,一目了然,他的一切活动,都是为了达到这一目的,所以不惜向地方官吏"剖心析肝",陈述自己的志向和经历。因为害怕裴长史在"谤言忽生,众口攒毁"下难免会"赫然作威,加以大怒",因而这篇文章写得更情真意切,委婉动人。宋人洪迈说:"大贤不遇,神龙困于蝼蚁,可胜叹哉!"(《容斋四笔》)确乎是中肯的评论。

李白徘徊于学道和从政之间,不放弃从政却未能成功入仕,李白的干谒文,固然有奉承讨好之嫌,但同样张扬了李白的个性,显露出一代诗仙的英风豪气,充分展示了其放荡不羁、傲岸自负的个性特征。"若赫然作威,加以大怒,不许门下,遂之长途,白既膝行于前,再拜而去,西入秦海,一观国风,永辞君侯,黄鹄举矣。何王公大人之门,不可以弹长剑乎?"文章结尾几句写得不卑不亢,在接近成功时忍不住流露出率真的本色,这正是官僚所不喜欢的,而这也正是李白求仕幼稚的表现,故裴长史没有向朝廷推荐李白。

3.《与韩荆州书》

开元二十二年(734),李白来到襄阳(今属湖北),拜访时任荆州长史兼襄州刺史、山南东道采访使韩朝宗,作《与韩荆州书》,让韩朝宗推荐自己入仕。

韩朝宗,又称韩荆州,是当朝名臣韩思复的儿子。韩家从唐初就是世家,算是京城的名门望族。韩思复死后,大诗人孟浩然还为他立碑,可见韩家为官是受百姓爱戴的。据《新唐书·韩朝宗传》记载：朝宗喜识拔后进，尝荐崔宗之、严武于朝，当时士咸归重之。

李白在《与韩荆州书》的开头，以"生不用封万户侯，但愿一识韩荆州"来赞美韩朝宗谦恭下士，识拔人才，接着毛遂自荐，介绍自己的经历、才能和气节。文章表现出李白"虽长不满七尺，而心雄万夫"的气概和"日试万言，倚马可待"的自负，以及他不卑不亢、"平交王侯"的性格。

李白的《与韩荆州书》再次显露出他的个性，他在漫游荆州时，听说荆州长史韩朝宗喜欢推荐有才之士，便写了这封求荐的信。大凡有求于别人的事情，应该放低身段，文气以谦逊为好，每谈到自己的优点，也应含蓄表达。然而李白的这篇求荐书，却完全将自己放在与对方平等的地位上，毫无掩饰地讲述自己的才华。"白，陇西布衣，流落楚、汉。十五好剑术，遍干诸侯。三十成文章，历抵卿相。虽长不满七尺，而心雄万夫。皆王公大人许与气义。此畴曩心迹，安敢不尽于君侯哉！"

李白把一篇求荐文章写得纵横恣肆，气概凌云。李白认为自己才华横溢、能力超强，是国家需要的栋梁之材，你韩荆州如果出于公心，应积极向朝廷推荐。这正是由李白纯真无邪的诗人气质所决定的，这里面所具有的，正是"天生我材必有用"那样的自信。不过，后来的情况表明，韩朝宗并没有向朝廷推荐李白。

4.《为宋中丞自荐表》

提到这篇文章,就必须补充一下背景故事。天宝十四载十一月初九(公元755年12月16日),身兼范阳、平卢、河东三节度使的安禄山,发动属下唐兵以及同罗、奚、契丹、室韦等部族盟军共十五万人,号称二十万,以"忧国之危"、奉密诏讨伐杨国忠为借口在范阳起兵,"安史之乱"爆发。

天宝十五载(756)六月,玄宗带领大臣、家眷奔蜀。七月十三日,唐玄宗一行人到达剑南驿,有剑南天险阻挡,叛军不可能追到这里,唐玄宗的心里轻松起来,开始考虑全国的平叛事宜。

七月十六日,在普安郡,唐玄宗听从韦见素和高力士等大臣的建议,向全国发布了一道重要的制书,制书包括两方面的内容:其一,承认天下大乱是自己造成的,自己要对此负责,他说:"伊朕薄德,不能守厥位,贻祸海内,负兹苍生,是用罪己责功。"这是在收拢人心。其二,发布实行诸王分镇御敌的诏书。分制置诏下发前,高适曾提出反对意见。据新旧唐书记载:"初,上皇以诸王分镇,适切谏不可。"意思是:高适认为,唐玄宗分兵拒敌的决策不可行,曾多次提出反对意见。然而唐玄宗并没有听从高适的意见。不过,正因如此,高适后来深得唐肃宗的信任。

在这种情况下,分镇诏书下发,其主要内容为:

> 以太子亨充天下兵马元帅,领朔方、河东、河北、平卢等节度都使,南取长安、洛阳……永王璘充山南东道、岭

南、黔中、江南西路节度都使……盛王琦充广陵大都督，领江南东路及淮南、河南等路节度都使……丰王珙充武咸都督，仍领河西、陇右、安西、北庭等路节度都使。

唐玄宗作上述安排的目的就是把所有能干事的儿子都动员起来，让他们各自领兵打仗，从各个方向对安禄山形成合围之势，自己则居中控制。

盛王琦、平王洪因年纪小都跟随唐玄宗待在四川，在战事中真正起重要作用的是太子亨和永王璘。太子亨主要在黄河流域与叛军作战，永王璘在长江流域筹备粮草，招兵买马。

永王璘是怎样一个人呢？他和太子亨关系如何？

《旧唐书》记载：永王李璘，唐玄宗第十六子，其母郭顺仪是剑南节度使、尚书郭虚己之妹。李璘数岁时失母，由其异母兄长李亨抚养，李亨常常把李璘抱在怀中同睡。开元十三年（725）三月，被封为永王。开元十五年（727）五月，遥领荆州大都督。开元二十年（732）七月，加开府仪同三司，改名璘。

据新旧唐书记载，李璘"少聪敏好学，貌陋，视物不正"。意思是李璘小时候便聪明好学，但容貌较丑，颈偏而不能正面看人。

天宝十五载（756）七月十二日，也就是唐玄宗下达分制置诏的前三天，太子李亨在灵武（今属宁夏）即皇帝位，改元至德，尊唐玄宗为"上皇天帝"。此时的唐玄宗并不知道太子李亨即皇帝位的消息，这是唐玄宗始料未及的。

八月十二日，李亨即皇帝位的消息才传到成都，唐玄宗只好承认现实。但分制置诏下达后不久，李璘就从成都到达襄阳、江夏，开始招兵买马、筹措军备。此时，永王璘是唐肃宗的最大政敌。

由于李白的名气较大，安史之乱发生后，永王李璘打听到李白住在庐山，便派谋主韦子春携五百金三上庐山请李白辅佐。此时的李白脑海中浮现了刘备"三顾茅庐"请诸葛亮下山的情景，又看到天下大乱的形势，认为在大匡山跟随赵蕤学到的纵横术派上了用场，决定随韦子春下山。李白的妻子宗氏认为安史之乱的形势发展还不明朗，多次劝说李白不要下山。但在韦子春的三次劝说下，李白心动了，决意下山加入永王璘军队，以实现自己的政治抱负。

太子李亨即皇帝位后，马上发布诏书，令永王璘到四川陪侍太上皇，可永王璘并没有听从唐肃宗的诏令，于是唐肃宗下令攻打永王璘。

永王璘兵败被杀后，李白因参与永王璘叛乱被投入浔阳监狱，当时的主要证据就是他所作的《永王东巡歌》十一首。

那么，是谁把李白从监狱里救出来的呢？

这个时候，在大牢里的李白向许多亲朋好友求救：

一是向妻子宗氏求救。宗氏也确实为李白的出狱费尽心力，多方奔走，也许起到了一定作用。

二是向好友高适求救。李白与高适是好朋友，当年曾同游梁宋，并同住在梁园多年，彼此走动也颇多。二人最大的区别就是，高适具有超强的政治才能，曾规劝唐玄宗不要发布分制置诏,但此时的高适和李白的政治立场不同,二人分别是两个敌对阵营的人,李白追随的是永王李璘,而高适追随的是唐肃宗。但李白还是向高适写诗求救,他在《送张秀才谒高中丞》中夸赞高适有"谈笑却妖氛"的军事才能,表达自己"我无燕霜感,玉石俱烧焚。但洒一行泪,临歧竟何云",希望高适看在老朋友的分上能伸出援救之手。高适是否在李白出狱问题上向唐肃宗求过情,史书上没有记载,但从高适仕途起伏的关键时间段看,应该为李白出狱做过一定工作。

三是向好友张镐求救。张镐是安史之乱时期的宰相,他生性豪爽豁达,被颜真卿举荐做了左拾遗,三年后升任中书侍郎同中书门下平章事。杜甫因为得罪了皇帝,被交到了颜真卿的手里。张镐一方面劝阻颜真卿,另一方面屡次在皇帝面前求情,终于保住了杜甫的性命,也为唐诗的辉煌立下了汗马功劳。张镐还为冤死的王昌龄报过仇、雪过恨。

李白与张镐是好朋友,曾一起漫游。入狱后,他和夫人宗氏估计也向张镐求救过。李白出狱后卧病宿松(今安徽宿松县),曾作《赠张镐相》二首。诗中夸赞张镐"昊穹降元宰,君子方经纶。澹然养浩气,欻起持大均",说自己"一生欲报主,百代思荣亲。其事竟不就,哀哉难重陈"。

张镐是否在李白出狱的问题上出过力,史料也未记载,从李白出狱后向张镐赠诗来看,张镐应该起了一定的作用。

李白在《赠张镐相·其二》中写道:"抚剑夜吟啸,雄心日千里。誓欲斩鲸鲵,澄清洛阳水。六合洒霖雨,万物无凋枯。

我挥一杯水，自笑何区区。因人耻成事，贵欲决良图。灭虏不言功，飘然陟蓬壶。惟有安期舄，留之沧海隅。"诗中他表明自己具有治国安邦的才能，希望张镐积极向朝廷推荐自己，以实现报效国家的远大政治抱负。

四是向崔涣和宋若思求救。宋若思是李白好友宋之悌之子。天宝十五载（756），御史中丞宋若思是接手李白案件的主审官。

崔涣（707—769），博陵安平（今河北安平县）人，年轻时博通经籍，擅长谈论，喜好诗文。他在巴西郡迎驾，让流离失所的唐玄宗有了安顿的地方，加上后来拥立肃宗有功，便直接当了宰相。李白在《系寻阳上崔相涣》三首中写道：

其一

邯郸四十万，同日陷长平。

能回造化笔，或冀一人生。

其二

毛遂不堕井，曾参宁杀人。

虚言误公子，投杼惑慈亲。

白璧双明月，方知一玉真。

其三

虚传一片雨，枉作阳台神。

纵为梦里相随去，不是襄王倾国人。

除此之外，李白还给崔涣写了《狱中上崔相涣》《上崔相百忧章》，说明自己跟随永王完全是为了平灭叛乱，并恳请崔涣能够理解他的做法，为他昭雪，免除他的罪名。

此时崔涣任江南宣慰使，有纠察违失官吏、开晓政义的权力，还能代替皇帝到各州县宣扬政令、安抚百姓、处理各种突发事件、调查处置人事纠纷等。李白所犯"附逆"之罪，虽然最终处理的决定权在皇帝，但会先由各州府审理，经大理寺卿、刑部尚书、御史中丞三司会审，上报朝廷，交由刑部、门下省复核，再奏请"圣裁"，程序繁复。当时国家处于战争状态，二帝分身灵武和剑南，宣慰大使便有权力简化审覆程序，"案覆理尽申奏"，这也是李白多次向崔涣献诗申冤的重要原因。

那么，崔涣是否为李白的出狱提供过帮助呢？

答案当然是肯定的。李白在以宋若思的名义写的《为宋中丞自荐表》中提到"前后经宣慰大使崔涣及臣推复清雪，寻经奏闻"，证明了此次案件审理的大致过程和结果。在崔涣和宋若思的共同努力下，李白得以暂时"脱囚"，离开了监狱，后在宋若思的安排下成了他的幕僚。但是"脱囚"并非"脱罪"，要想"脱罪"，还是得看皇帝，所以李白才会在"脱囚"后急于上《为宋中丞自荐表》，希望"拜一京官"。

然而，因李白所作之《永王东巡歌》十一首，唐肃宗认定他犯下了怂恿永王璘谋反之罪，不可能再让他入朝为官。

史书记载，此表上达唐肃宗后，"上不报"，意思是说，皇帝没有答复。李白进入仕途的梦想再次破灭，一心为朝廷大展宏图的愿望也再次落空了。

二、"隐"居深山寻捷径

意思是"隐居"到名山大川，蓄势待发，扩大影响，等待政治时机的到来。

（一）隐居终南待时机

终南山，秦岭山峰之一，在今陕西西安市南。唐朝时终南山不仅是修道之人的居住地，也是知识分子隐居待诏之所。

古代隐居于终南山之人众多，如东方先贤老子、药王孙思邈。有的人隐居是因为不愿与官场之人同流合污，或官场失利，转而追求一种宁静淡泊的生活状态；而有的人隐居的原因比较特殊，是想凭借隐居之举抬高自身声望、提升身价，以此来谋求官职。唐代有个成语叫"终南捷径"，说的就是后者，是指求名利的最近便的门路，也比喻达到目的的便捷途径。

终南山靠近国都长安，在那里隐居，容易让皇帝知道并受邀出来做官。唐武则天时期，才子卢藏用早年求官不成，便故意跑到终南山隐居，隐居期间向外宣扬自己的才能，后来果然受到朝廷的重用，当了大官。道教大师司马承祯，在天台山里隐居几十年，他替自己起了个别号叫白云，表示自己要像白云一样高尚和纯洁。唐睿宗时期，睿宗召他入京，问他阴阳数术与理国问题，想请他做官，司马承祯谢绝了，执意要回天台山。偏巧碰见了曾在终南山隐居如今做了官的卢藏用。两人说了几句话，卢藏用抬起手来指着南面的终南山，开玩笑说："这里就有不少好地方，何必回天台山啊！"司马承祯想讽刺一下他的这种行为，便应声说："不错，照我看来，那里确实是做官的'捷径'啊！"一句话说得卢藏用低下了头。

寻找"终南捷径"是古代很多文人的做法，连大诗人李白也是如此。三十岁的李白来长安却没有直接进入长安城，而是隐居在距离长安城不远的终南山。在此期间，因别人的举荐，李白两次来到位于楼观台西侧的延生观，拜见唐玄宗的妹妹玉真公主，并向公主献上了《玉真仙人词》："玉真之仙人，时往太华峰。清晨鸣天鼓，飙欻腾双龙。"可能是时机未到，李白在玉真公主别馆忙乎了一阵子却没有得到任何机会，所以无奈离开了终南山，但他的隐居也没有白费，后来玉真公主还真的在皇帝面前举荐了李白，李白入朝为官，"终南捷径"还是起了关键作用。

李白至少两次到终南山隐居，寻找政治机遇，并有诗为证。

下终南山过斛斯山人宿置酒

暮从碧山下，山月随人归。

却顾所来径，苍苍横翠微。

相携及田家，童稚开荆扉。

绿竹入幽径，青萝拂行衣。

欢言得所憩，美酒聊共挥。

长歌吟松风，曲尽河星稀。

我醉君复乐，陶然共忘机。

据史料记载,李白一生中曾两次到长安城,第一次是在唐玄宗开元十八年(730),此时李白三十岁;第二次是在天宝元年(742),此时李白四十二岁。

这首田园诗是李白初到长安隐居终南山时所作,大体意思是:夜幕渐渐降落了,山月也伴着我下山。回头望来时的小路,暮色早已笼罩着苍茫的山林。我和朋友一起来到田家,小孩子给开了门。绿色的竹子生长在幽静的小路上,枝蔓拂过行人的衣裳。品尝着美酒欢颜笑谈,此景此情,大家兴致很高。放声高歌古曲《风入松》,当曲子戛然而止的时候,夜已经很深了,天河上的星星稀疏可数。我喝得有点醉了,与山人这么尽兴,仿佛回到以前无忧无虑的日子,竟然把人世间的机巧之心忘得一干二净。

李白的这首《下终南山过斛斯山人宿置酒》作于开元十八年(730),与其原来的一些饮酒诗相比,少了一些豪情狂气,似已大为掩抑收敛。李白在诗中虽说"陶然共忘机",但对人间的险恶仍然耿耿于怀,忌惮非常,他既想钟情于山水,又时刻念想着入仕,这种复杂的思绪交织在一起,使李白"陶然不忘机",终生不能释怀。

李白还有一首《春归终南山松龛旧隐》诗,作于开元十九年(731)。

> 我来南山阳,事事不异昔。
> 却寻溪中水,还望岩下石。
> 蔷薇缘东窗,女萝绕北壁。

107

别来能几日，草木长数尺。

且复命酒樽，独酌陶永夕。

诗中描绘了终南山松龛旧居的景色，表达了诗人小别数月重返旧居，顿感时光蹉跎，志不获骋，借酒遣愁之情，体现了诗人淡泊而恬远的心境。诗的意思是：我再次来终南山隐居，事事与以前都不一样了。寻找溪中的水还有没有，望望岩下的石头看还在不在。只看到蔷薇沿着东窗伸出藤蔓，女萝藤绕着北面墙壁爬行。离开这里还不到几日，草木就生长得这么快，真是世事难料。暂且把酒壶斟满酒，独自饮酌，永夕陶醉吧。

李白这两首诗看似写景，实际上是隐居等待时机，虽然没有见到玉真公主，但苦苦等待也为走进朝廷做好了前期的铺垫。

李白终于等来了机会，安史之乱后，李白隐居庐山。永王璘三次派心腹韦子春携五百金请李白出山，最后，李白辞别妻子宗氏加入了李璘的军队。"归时倘佩黄金印"，也是"终南捷径"的好例证。

（二）隐居庐山待三顾

李白曾五次上庐山，留下了四十余篇诗作。

第一次是开元十四年（726），二十六岁的李白初次来到江州（治所在今江西九江市）。李白到此的目的：一是看望在江州做买卖的兄长；二是游览庐山。他留下了《望庐山瀑布》二首，其二写道："日照香炉生紫烟，遥看瀑布挂前川。飞流直下三千尺,疑是银河落九天。"那时的李白可谓豪情万丈。

　　第二次是天宝九载(750),距首次来已过了二十四年。李白不再是那个意气风发的青年,他想通过"终南捷径"韬光养晦、等待时机。他拜会在屏风叠南修行的当朝宰相李林甫的女儿李腾空,并送自己的妻子宗氏到庐山拜李腾空为师。他还专门写了《送内寻庐山女道士李腾空》二首。在第二首诗里,李白想象自己的妻子在庐山"素手掬青霭,罗衣曳紫烟。一往屏风叠,乘鸾着玉鞭"。

　　第三次是天宝十五载(756),李白为了躲避安史之乱,带着夫人宗氏来到了庐山。这次他隐居在庐山屏风叠达半年之久,并修建了读书草堂,在此写下《赠王判官,时余归隐,居庐山屏风叠》一诗。

　　　昔别黄鹤楼,蹉跎淮海秋。俱飘零落叶,各散洞庭流。
　　　中年不相见,蹭蹬游吴越。何处我思君,天台绿萝月。
　　　会稽风月好,却绕剡溪回。云山海上出,人物镜中来。
　　　一度浙江北,十年醉楚台。荆门倒屈宋,梁苑倾邹枚。
　　　苦笑我夸诞,知音安在哉。大盗割鸿沟,如风扫秋叶。
　　　吾非济代人,且隐屏风叠。中夜天中望,忆君思见君。
　　　明朝拂衣去,永与海鸥群。

　　诗的开头就写"昔别黄鹤楼,蹉跎淮海秋"二句,回忆自己于开元十三年(725)出巴蜀大地,开始漫游生涯,他从湖北顺江而下,至金陵、扬州。感叹求索数十年,仍然功业无成。一个"昔",一个"蹉跎",包含了许多无奈。

一句"中年不相见",表明这一别就是多年,青年惜别,至中年仍未能相见。一句"蹭蹬游吴越",表达自己曾于天宝元年(742)得到举荐,应诏赴京任翰林待诏,但至天宝三载(744),为谗言所伤,被皇帝赐金放还。于是再次放浪江湖,漫游吴越,反映出诗人政治上失意之后的悲愤。"大盗割鸿沟,如风扫秋叶",由对往事的追忆转入当前的现实。"大盗"指安禄山,"割鸿沟"言叛军侵占地域之广,"扫秋叶"隐含对朝廷终日歌舞升平的讽刺,对军队软弱涣散、缺乏战斗力的不满。"吾非济代人,且隐屏风叠","济代"即济世,"吾非济代人"是诗人的愤激之言,"且隐屏风叠"是指诗人此时不得不做出隐居的抉择。

第四次是至德二载(757)初,永王璘战败被杀。李白因为追随永王,背上了附逆之罪,在逃至彭泽时被捕,以"附逆作乱"的罪名被投入浔阳狱。囚禁他的地方,正是庐山脚下的浔阳。他写下了大量的诗歌,每一首都感人至深,每一首都充满了苦难折磨一位诗人后所留下的伤痕。

后来,李白因此罪被判流放夜郎,幸运的是,乾元二年(759)春,他在流放途中获赦,立即欢喜而归。在白帝城,他写下著名的《早发白帝城》一诗:

> 朝辞白帝彩云间,千里江陵一日还。
> 两岸猿声啼不住,轻舟已过万重山。

第五次是唐肃宗上元元年(760),这一次,他要向这座山告别了。在《过彭蠡湖》一诗中,他伤感地说道:"青嶂忆遥月,绿萝愁鸣猿。水碧或可采,金膏秘莫言。余将振衣去,羽化出嚣烦。"

三、终"找"名人登仕途

"找"就是托关系,找人与朝廷牵线。

李白对自己找人当官之事一直避而不谈,讳莫如深,但我们还是能从李白的诗文中找到蛛丝马迹。

天宝元年(742),李白四十二岁,唐玄宗在这一年下了一份求贤诏书。诏书的主要内容是:"前资官及白身人有儒学博通、文辞秀逸及军谋武艺者,所在具以名荐。"意思就是:不管是已去职的官员还是平民百姓,只要你精通儒学、善于写文章,或者通晓军事武艺等,你就可以由所在地的官员推荐给朝廷。

唐代的时候,皇帝经常下这样的求贤诏书,问题的关键在于,下了诏书以后有没有人推荐你,如果没有人推荐你,还是没用。李白从二十五岁离开四川,一直到现在四十多岁,这十几年他在忙什么呢?忙一件事情,就是希望能找着一个人,把他推荐给唐玄宗。

为达到进入仕途的目的,李白制订了"找人"计划,并开始实施。

(一)找时任驸马都尉的张垍

张垍是当时唐代宰相张说的第二个儿子,宰相的儿子、皇帝的女婿,是个权倾朝野的人物。另外,张垍与文人交往频繁,当时他在文人群体中名气很大。他也曾介绍一些文人入朝为官,杜甫就是其中之一。杜甫在《奉赠太常张卿垍二十韵》诗中夸耀张垍"相门清议众,儒术大名齐。轩冕罗天阙,琳琅识介圭。伶官诗必诵,夔乐典犹稽。健笔凌鹦鹉,铦锋莹鹎鹕"。感谢张垍的提携:"弼谐方一展,班序更何跻。""顾深惭锻炼,才小辱提携。"李白早就认识张垍,估计多次在一起饮酒,也知道张垍奖掖过其他人,于是李白得知唐玄宗发布求才诏书后,首先就去找了张垍。

张垍见到李白后,就让李白到距首都长安一百多里地的楼观台住下,等待玉真公主接见。楼观台据传是当年老子讲道的地方,也是玉真公主光顾的地方。

李白满怀希望地在楼观台住了下来,在这里一等就是好几个月,也没见着玉真公主。于是他给张垍写了诗文描述自己的情况。

玉真公主别馆苦雨赠卫尉张卿

其一

秋坐金张馆,繁阴昼不开。空烟迷雨色,萧飒望中来。
翳翳昏垫苦,沉沉忧恨催。清秋何以慰,白酒盈吾杯。
吟咏思管乐,此人已成灰。独酌聊自勉,谁贵经纶才。
弹剑谢公子,无鱼良可哀。

李白在诗中说:秋雨绵绵,"我"整天坐在玉真公主的别馆之内,看着这阴沉的天色。烟雨蒙蒙,一片萧瑟。天气阴沉多雨，人也跟着心情沉重。在此清秋之际，只有眼前这满杯的白酒能抚慰"我"的心。"我"吟诵古代管仲和乐毅的故事，但他们都早已死去。只好独自饮酒，以古人自勉，可是谁还会珍惜治国的优秀人才呢？"我"也学着冯谖弹剑而歌："长铗归来乎，食无鱼！"心中充满了悲哀。

其二

苦雨思白日，浮云何由卷。　稷契和天人，阴阳乃骄蹇。

秋霖剧倒井，昏雾横绝巘。　欲往咫尺途，遂成山川限。

漻漻奔溜闻，浩浩惊波转。　泥沙塞中途，牛马不可辨。

饥从漂母食，闲缀羽陵简。　园家逢秋蔬，藜藿不满眼。

螮蛜结思幽，蟋蟀伤徧浅。　厨灶无青烟，刀机生绿藓。

投箸解鹔鹴，换酒醉北堂。　丹徒布衣者，慷慨未可量。

何时黄金盘，一斛荐槟榔。　功成拂衣去，摇曳沧洲傍。

诗的主要意思是：苦于阴雨天，我思念晴天，怎样才能令浮云一扫而光？虽然如今有像稷、契一样的宰相调和天人，可实际上却是阴阳失调。秋天的大雨比井水倒灌还要厉害，大雾弥漫在悬崖峭壁之间。就是越过一条几尺宽的路，也像穿越山川一样困难。山洪暴发，水流奔腾，惊波浩荡。泥沙阻塞道路，眼前一片模糊，对面牛马都难以分辨。饿了我只好向人求食，闲来无事，便整理断章残简。在收获的季节，却只能见到菜地里稀稀拉拉的野菜。室内结满了蜘蛛网，蟋蟀在忧伤地鸣叫。厨房已久断烟火，案板上都长满了绿藓。我只好拿我的裘衣换美酒，在北堂喝得大醉。您知道当年的丹徒布衣刘穆之吗？虽然穷困潦倒于一时，但前途不可限量。也许将来我也能像他一样，用黄金盘盛满槟榔还给您。我现在来求官，等功成之后便拂衣而去，云游四海。

之后，李白怀着失望的心情再次来到长安，想找张垍问个究竟，可张垍也不再见他了。这一次找人托关系以失败而告终。

（二）找道教领袖人物元丹丘

元丹丘是李白志同道合的朋友，当时两人一起在嵩山隐居，李白很佩服元丹丘的道术。二人往来甚密，留下了不少诗词，如开元二十二年（734），李白写《元丹丘歌》相赠，表达对元丹丘的美好祝愿。诗中写道：

> 元丹丘，爱神仙，朝饮颍川之清流，
>
> 暮还嵩岑之紫烟，三十六峰长周旋。
>
> 长周旋，蹑星虹，身骑飞龙耳生风，
>
> 横河跨海与天通，我知尔游心无穷。

天宝三载（744），李白被唐玄宗赐金放还，心里很是痛苦，于是元丹丘马上给李白写信予以鼓励，李白也写了《以诗代书答元丹丘》作为回信：

> 青鸟海上来，今朝发何处？口衔云锦书，与我忽飞去。
>
> 鸟去凌紫烟，书留绮窗前。开缄方一笑，乃是故人传。
>
> 故人深相勖，忆我劳心曲。离居在咸阳，三见秦草绿。
>
> 置书双袂间，引领不暂闲。长望杳难见，浮云横远山。

关于元丹丘，李白在《将进酒》诗中说："岑夫子，丹丘生。将进酒，杯莫停。与君歌一曲，请君为我倾耳听。"这里的"丹丘生"就是元丹丘。李白在另一首诗《秋日炼药院镊白发，赠元六兄林宗》中说："投分三十载，荣枯同所欢。"元林宗即元丹丘，意思是二人交往三十年，一直是同呼吸、共命运。

从上述介绍看，元丹丘与李白是非常要好的朋友，元丹丘是值得李白信赖，可以托付大事之人。

虽然驸马都尉张垍没有给李白太多帮助，但李白从他那里得到了一个很重要的信息——玉真公主能把他推荐给皇帝，帮助他进入仕途。

恰好元丹丘和玉真公主是关系密切的道友，志同道合，彼此尊重，无话不谈。李白就想到通过元丹丘把自己推荐给玉真公主。

玉真公主是唐睿宗李旦第九女，唐玄宗李隆基的同母妹。《新唐书·诸帝公主》记载，太极元年，金仙公主"与玉真公主皆为道士，筑观京师，拜方士史崇玄为师"。后来玉真公主在王屋山入道修仙，尊号"上清玄都大洞三景师"。

金仙公主与玉真公主是同胞姐妹，二人很小的时候就失去了母亲，她们目睹了自古皇家无亲情的悲惨遭遇，为了不再过担惊受怕的日子，姐妹二人决心远离朝堂，一同入道修炼。

玉真公主性格开朗活泼，极善交际，人缘甚广。开元二年（714）望春三月，玉真公主进为长公主。就在这次诏封以后，她开始游道，拜访名师，传教布道。外出游道期间，玉真公主结识了一些青年才俊。正因为唐玄宗与玉真公主兄妹情深，玉真公主也会不时地向玄宗推荐有才之人，而唐玄宗对妹妹的推荐总是十分重视。当时天下的文人都知道玉真公主欣赏有才华的人，也知道唐玄宗十分宠爱这个妹妹。很多文人雅士为了入朝为官，经常主动向玉真公主献诗。如果他们的诗文得到玉真公主的肯定，便可以名扬四海，若是运气好，得到公主的举荐，就能平步青云、一展抱负了。

天宝元年（742）的一天，李白找到元丹丘，诉说了自己之前的遭遇和进入仕途的愿望，并把过去写的诗稿和《玉真仙人词》交给元丹丘。元丹丘被李白的遭遇感动了，他认为非常有必要去帮助自己的好朋友。于是元丹丘找到了玉真公主，极力向玉真公主推荐李白入仕，并把李白写的诗稿呈给玉真公主阅读。

玉真公主十分欣赏李白的浪漫主义诗篇，不由得发出感叹。当她读到《玉真仙人词》的诗句"玉真之仙人，时往太华峰。清晨鸣天鼓，飙欻腾双龙。弄电不辍手，行云本无踪。几时入少室，王母应相逢"时深受感动，认为李白确实是朝廷所需要的人才。

开元末期至天宝初年是玉真公主进宫最频繁的时期，这一阶段她受皇帝兄长所托，要完成让杨玉环进宫的重任。她往来于寿王家和皇宫之间，撮合皇帝与杨玉环的婚事。

为了完成元丹丘所托，同时也为给朝廷推荐人才，玉真公主在进宫时借机向唐玄宗推荐了李白。玉真公主的这次推荐取得了初步成功,唐玄宗记住了李白这个名字,为李白进宫面见大唐天子奠定了基础。

魏颢在《李翰林集序》中的记述"白久居峨眉,与丹丘因持盈法师达,白亦因之入翰林,名动京师",可以证明这一点。

(三)找太子宾客贺知章

《旧唐书·贺知章传》记载:"知章性放旷,善谈笑,当时贤达皆倾慕之。"意思是说,贺知章性情豪放旷达,谈笑风生,当时贤人达士都很倾慕他,愿意和他结交。

贺知章因年事已高,申请退休回归故里时,《旧唐书》记载:"天宝三载,知章因病恍惚,乃上疏请度为道士,求还乡里,仍舍本乡宅为观。上许之,仍拜其子典设郎曾为会稽郡司马,仍令侍养。御制诗以赠行,皇太子已下咸就执别。"他退休离京时,唐玄宗亲自作诗相赠以送行,皇太子以下官员都前往握手告别。这段话说明贺知章在朝廷的威望很高。

天宝元年(742),李白遇到了贺知章,贺知章早就听说过李白的大名,正愁找不到机会认识他。当读到《蜀道难》,又看到眼前这位才俊时,贺知章惊呼:"此天上谪仙人也!"然后二人相约饮酒,却没想到二人均没有带钱,贺知章就用金龟饰物付清了店家酒钱。贺知章离世四年后,李白每每回忆起这段往事,总是"金龟换酒处,却忆泪沾巾"。

估计李白和贺知章饮酒后不久,贺知章也向唐玄宗推荐了李白。在多方推荐之下,唐玄宗于该年秋天向李白发出了担任翰林待诏的诏书。

（四）找李林甫女儿李腾空

李白入翰林不久后，于天宝三载（744）被玄宗赐金放还，之后六年，他一直在寻找政治机遇，却始终没有达到政治目的。天宝九载（750），他登上庐山，拜会在屏风叠南修行的当朝宰相李林甫的女儿李腾空。他还专门写了《送内寻庐山女道士李腾空》二首。在这两首诗里，李白要宗氏跟着道士李腾空修炼，赞扬李腾空道行高深。

史料记载，李腾空虽是宰相李林甫之女，才智超人，又极有姿色，但和她父亲的追求不同，她不慕荣华富贵，痴心学道，自京都长安来庐山隐居，过着清苦的生活。李腾空摄生养性，学医炼丹，布道行医，济生救民，在民间留下了许多佳话，倍受唐德宗敬重，逝后诏其所居为昭德观。

估计这次李白见到李腾空后把自己报效国家的想法诉说了一番，希望得到宰相李林甫的推荐，但从后来的发展看，到庐山找李腾空推荐并没有起到李白希望的作用。

值得思考的是：李白入朝供职翰林待诏，为什么从不提起引荐人呢？

他入朝为翰林待诏，走的是道人元丹丘的"后门"，是道士的后门，是公主的后门，向外说出去不大光彩。自尊心极强的李白，从来不提入朝介绍人。

但是经过以上分析，李白进入翰林的途径已经很清晰了。他先把自己的从政要求告诉了好友元丹丘，元丹丘极力向道友玉真公主夸赞李白的诗才，并求其帮助李白进入朝廷。玉真公主借进宫之机把李白推荐给了唐玄宗,然后又经过贺知章在唐玄宗面前的夸耀助力,李白便于天宝元年(742)进入长安,担任翰林待诏。

李白是天宝元年(742)秋天进入长安的,天宝三载(744)初春时节就被赐金放还离开了,号称在长安待了三年,掐头去尾算来,实际上只有一年半左右时间。

那么,李白在朝廷里到底是做翰林待诏还是翰林学士?

《旧唐书·李白传》记载:"既而玄宗诏筠赴京师,筠荐之于朝,遣使召之,与筠俱待诏翰林。"意思是说,吴筠被唐玄宗征召到京师,就把李白推荐给朝廷,与吴筠一起入翰林供奉。《旧唐书》《新唐书》这两本官修史书里均没有说李白是翰林学士,李白在自己的诗文里也从未说过自己是翰林学士。唐人刘全白在《唐故翰林学士李君碣记》中记述:"天宝初,玄宗辟翰林待诏,因为和蕃书,并上《宣唐鸿猷》一篇。"说明李白入朝堂做了翰林待诏。魏颢在《李翰林集序》记述:"白亦因之入翰林,名动京师。"魏颢也未说明李白入朝是翰林学士。

李阳冰在《草堂集序》中记载:"置于金銮殿,出入翰林中,问以国政,潜草诏诰,人无知者。"从李阳冰的《草堂集序》看,李白出入翰林,似乎为翰林学士;范传正在《唐左拾遗翰林学士李公新墓碑并序》中称李白为"翰林学士";晚唐前守秘书省校书郎裴敬在《翰林学士李公墓碑》中也称李白为"翰林学士"。这些与李白有关的唐朝人士为什么称李白为"翰林学士"呢?笔者认为,这既是对李白的尊称,也是对李白的最好纪念。

那么,什么是翰林学士?唐代的翰林学士就是替皇上起草诏书的人。唐代实行三省六部制,其工作程序为:中书省决策之后,写下诏书,交给门下省;门下省进行复核,修改后,再返回中书省;中书省盖上皇帝的大印,交给尚书省执行。其中,起草诏书就是翰林学士的工作职责。

在唐代,翰林学士与翰林待诏有什么区别呢?翰林学士没有实际级别,三级官员可以做翰林学士,八级官员也可以做翰林学士。因为翰林学士没有品级,所以必须在其他部门有一个别的官职,按照这个官职去领取俸禄。比如白居易做翰林学士时,就在盩厔(今作周至)县任县尉,白居易按县尉级别领取俸禄。这是判别唐代官员是翰林待诏,还是翰林学士的一个主要依据。李白没有在其他部门担任任何职务,故为翰林待诏。

另外,翰林学士的地位很高,在内宫里面,如果皇上设宴款待百官,官员的座次是:最前面坐着皇上,紧接着是宰相,宰相后面就是翰林学士,所以都称翰林学士为内相。

李白担任翰林待诏的主要职责是什么呢?

北宋文学家、地理学家乐史在《李翰林别集序》中记述:

开元中,禁中初重木芍药,即今牡丹也。(《开元天宝花木记》云:禁中呼木芍药为牡丹)。得四本:红、紫、浅红、通白者。上因移植于兴庆池东沉香亭前。会花方繁开,上乘照夜车,太真妃以步辇从。诏选梨园弟子中尤者,得乐一十六色。李龟年以歌擅一时之名,手捧檀板,押众乐前,将欲歌之。上曰:"赏名花,对妃子,焉用旧乐辞焉?"遽命龟年持金花笺宣赐翰林供奉李白,立进《清平调》词三章。白欣然承诏旨,由若宿醒未解,因援笔赋之。其一曰:"云想衣裳花想容,春风拂槛露花浓。若非群玉山头见,会向瑶台月下逢。"其二曰:"一枝红艳露凝香,云雨巫山枉断肠。借问汉宫谁得似?可怜飞燕倚新妆。"其三曰:"名花倾国两相欢,长得君王带笑看。解释春风无限恨,沉香亭北倚阑干。"龟年以歌辞进,上命梨园弟子略约调抚丝竹,遂促龟年以歌之。太真妃持颇梨七宝杯,酌西凉州葡萄酒,笑领歌辞,意甚厚。

这段文字显示唐玄宗与太真妃观赏牡丹后十分欣喜,需以歌舞助兴,即命翰林待诏李白作词,李龟年谱上新曲,太真妃就表演起歌舞来,这就是李白作为翰林待诏的工作任务。

仅在皇帝娱乐时写写歌词而已,这样的任务不是李白所盼望的,他的志向是"申管、晏之谈,谋帝王之术,奋其智能,愿为辅弼,使寰区大定,海县清一"。从此,李白心怀忧愤,日日饮酒来排解心中的苦闷,正如杜甫在《饮中八仙歌》所写:"李白一斗诗百篇,长安市上酒家眠。天子呼来不上船,自称臣是酒中仙。"也许是担心李白醉酒后放言宫闱秘事,范传正在《唐左拾遗翰林学士李公新墓碑并序》中记载:"玄宗甚爱其才,或虑乘醉出入省中,不能不言温室树,恐掇后患,惜而遂之。"李白从此结束了仕途生涯,离开朝廷后再也没有回来。

天宝三载(744),面对严酷的现实,李白回想自己求官之路的坎坷,写下了《行路难》诗三首。

其一

金樽清酒斗十千,玉盘珍羞直万钱。

停杯投箸不能食,拔剑四顾心茫然。

欲渡黄河冰塞川,将登太行雪满山。

闲来垂钓碧溪上,忽复乘舟梦日边。

行路难! 行路难! 多歧路,今安在?

长风破浪会有时,直挂云帆济沧海。

其二

大道如青天,我独不得出。

羞逐长安社中儿,赤鸡白雉赌梨栗。

弹剑作歌奏苦声,曳裾王门不称情。

淮阴市井笑韩信,汉朝公卿忌贾生。

君不见昔时燕家重郭隗,拥篲折节无嫌猜。

剧辛乐毅感恩分,输肝剖胆效英才。

昭王白骨萦蔓草,谁人更扫黄金台?

行路难,归去来!

其三

有耳莫洗颍川水,有口莫食首阳蕨。

含光混世贵无名,何用孤高比云月?

吾观自古贤达人,功成不退皆殒身。

子胥既弃吴江上,屈原终投湘水滨。

陆机雄才岂自保？李斯税驾苦不早。

华亭鹤唳讵可闻？上蔡苍鹰何足道？

君不见吴中张翰称达生，秋风忽忆江东行。

且乐生前一杯酒，何须身后千载名？

在《行路难》中，李白发出了"多歧路，今安在""大道如青天，我独不得出"的慨叹，也有"长风破浪会有时，直挂云帆济沧海"的积极追求。同时，也正告那些当权者功成后要及时身退，这也是李白人生哲学的基调，既是李白悲剧深刻性之所在，也是李白诗歌永恒生命力之所在。

李白被赐金放还后，继续他的漫游生活，寻找政治机遇和发展机会。离开长安，他在洛阳碰到了杜甫和高适，然后携手漫游梁宋，杜甫《与李十二白同寻范十隐居》诗中的"醉眠秋共被，携手日同行"，就是他们同游梁宋的真实写照。然后，李白到东鲁，再到齐州接受紫极宫道士高如贵天师授予的道箓，从此成了一名有文凭的道士。领取道箓后，心存对高天师的感激之情，于是写下《奉饯高尊师如贵道士传道箓毕归北海》一诗以作纪念，表达对高天师的尊敬之情。诗云：

道隐不可见，灵书藏洞天。

吾师四方劫，历世递相传。

别杖留青竹，行歌蹑紫烟。

离心无远近，常在玉素悬。

安史之乱爆发后，李白误判了形势，加入了永王李璘的军

123

队。李璘兵败被杀后，李白也被投入监狱。

当时朝廷对参与安史之乱的人定了六等罪：第一等是弃市，就是在闹市砍头示众；第二等是赐死；第三等是重杖；第四等是流放；第五等是贬官；第六等是斥责。李白被定为第四等罪。

他当然不属于投靠了安禄山的叛军，但是属于在朝廷内部出现的叛逆军队的一员，所以给他的处罚是流放夜郎。

自至德二载（757）二月初九日永王璘兵败至乾元元年（758）春李白获罪赴夜郎，其间约有一年。李白先被投入浔阳狱中。他多次上书申诉求援，其妻宗氏亦为之四方奔走，后被江南宣慰使崔涣及御史中丞宋若思营救，秋间获释。宋若思又委任李白为参谋，并上书表示李白可用。然终因肃宗不肯宽免李白，年底再次将他投入浔阳狱中，并定于次年（758）春长流夜郎。

夜郎在现在的贵州遵义附近，当时属于比较偏远的蛮荒之地。流放夜郎对李白来讲是非常痛苦的。

出发后，妻子宗氏、妻弟宗璟陪着他一直走到浔阳江畔。分别时，他写诗赠给妻弟宗璟，在《窜夜郎，于乌江留别宗十六璟》中表达了对妻子宗氏、妻弟宗璟的感激之情："适遭云罗解，翻谪夜郎悲。拙妻莫邪剑，及此二龙随。惭君湍波苦，千里远从之。"

在李白流放夜郎途中，也有很多官员以举办酒宴的方式慕名前来为他送行，他写了很多诗酬答送行的朋友。其中"天命有所悬,安得苦愁思"两句,表达了心中的苦闷和无奈,认为自己命运不济,试问愁苦的日子何时才是尽头。

性格倔强的李白,靠什么打发今后的日子呢?通过回忆自己在长安的风光时刻打发时间,鼓起继续活下去的勇气。他说"昔在长安醉花柳,五侯七贵同杯酒","我"当年在长安的时候,也是个酒仙,跟"我"喝酒的都是有身份的人;"气岸遥凌豪士前,风流肯落他人后",皇宫里那些王公大臣在"我"看来都不算什么,"我"在他们面前气势傲岸、风流俊赏的那副样子,不在任何人之下。最后问一下,"我愁远谪夜郎去,何日金鸡放赦回",谁能告诉"我","我"什么时候才能遇到大赦回来?

乾元二年(759)三月,关中地区发生了大规模的旱情,为了缓解旱灾,朝廷下了一个特赦令:"天下现禁囚徒,死罪从流,流罪以下一切放免。"就是凡是死罪改成流放,凡是流放以下罪行的都赦免。

五十九岁的李白听到这个特赦令后,欣喜若狂。此时他已经到达巫峡,在船上生活了整整十五个月,有一首诗道:"江行几千里,海月十五圆。"海上的月亮圆了十五次,实际上是在流放途中走了十五个月。获释后,他写下了《早发白帝城》。

作为一个被流放的罪人,他只庆幸自己捡回了一条命,所以他说"轻舟已过万重山",认为所有的困难都已经过去了,新的生活在向他招手。

值得注意的是,唐肃宗下这道特赦令,不是只赦免李白一人,而是面向天下的,假如没有关中这场旱灾的话,李白可能真的要去夜郎了。

但是，天真的李白认为，大赦令之后，他就会迎来新的政治机遇，重新走入仕途。所以他在《自汉阳病酒归，寄王明府》中写道："去岁左迁夜郎道，琉璃砚水长枯槁。今年敕放巫山阳，蛟龙笔翰生辉光。"意思是说"我"去年被贬夜郎，没写什么诗歌，估计砚台里的水都干涸了。可是今年当"我"走到巫峡的时候，遇到了大赦，"我"的这支笔又重新焕发了生机。他接着写道："圣主还听《子虚赋》，相如却与论文章。"皇上也许还想听《子虚赋》，但"我"却想与他谈论治国文章。"愿扫鹦鹉洲，与君醉百场"，"我"要扫荡鹦鹉洲，跟朋友们大醉一场。"啸起白云飞七泽，歌吟渌水动三湘。莫惜连船沽美酒，千金一掷买春芳"，这几句写得气势非常大，他原来还说"五花马、千金裘，呼儿将出换美酒，与尔同销万古愁"，现在不仅要把满船的美酒喝光，还要千金一掷，买尽春芳。所以说，李白对待政治的态度是天真的，这种天真大都含有幻想的成分，源于他对自己的自信，因为他曾经辉煌过。

基于这种幻想，李白回到了湖北荆州，在洞庭湖边，他停留了很长一段时间。他在等待，等待朝廷起用他的诏令，他多么希望能够把这种幻想变成现实。接着他又来到了江夏，他在《江夏送倩公归汉东》诗序中说："今圣朝已舍季布，当征贾生。开颜洗目，一见白日。冀相视而笑于新松之山耶？"说现在战争已经快结束了，朝廷需要建设人才，"我"就是现在的"贾谊"。当战争爆发的时候，李白把自己当作"谢安"，但战争结束了以后，他是"贾谊"。这就是李白在那个时代的认知，体现知识分子的一种盛唐精神。

安史之乱的叛军还没有被彻底消灭，郭之义、李光弼还在带领军队与叛军作战，特赦后的李白决心为国效力，他又想到了加入平叛的军队。他在《经乱离后天恩流夜郎忆旧游书怀赠江夏韦太守良宰》诗中写道："中夜四五叹，常为大国忧。"他每晚难以安眠屡屡长叹，为国家的命运担忧。"安得羿善射，一箭落旄头"，自己怎么样才能有如后羿一样的本领，一箭就把敌人的旌旗给射下来呢？

上元二年（761），已经六十一岁的李白，决定到金陵去参加李光弼的东征军，他写了一首诗名很长的诗，《闻李太尉大举秦兵百万出征东南，懦夫请缨，冀申一割之用，半道病还，留别金陵崔侍御十九韵》，"秦出天下兵，蹴踏燕赵倾"，李光弼的军队一出击，范阳的乱军就会崩溃；"黄河饮马竭，赤羽连天明"，军队一出来之后，黄河的水都被军马喝尽了，军旗上面红色的羽毛，照得天空都是一派光明；"愿雪会稽耻，将期报恩荣"，自己愿一雪前耻，期待献策立功，报答恩情。

李白只要一息尚存，就想要为这个国家做点事情，但遗憾的是，统治这个国家的皇帝已经抛弃了他，再也没有给他从政的机会，一直到最后，李白报效国家的愿望都没有实现。

有一个问题很值得探究，李白流放夜郎，是否真的到达了夜郎这个地方，这个问题现在是有争议的。

李白曾在两首诗中提到夜郎，一首是《江夏赠韦南凌冰》，诗中说:"天地再新法令宽,夜郎迁客带霜寒。"另一首是《闻王昌龄左迁龙标遥有此寄》,诗中说:"杨花落尽子规啼,闻道龙标过五溪。我寄愁心与明月,随君直到夜郎西。"

据《旧唐书》记载,李白在安史之乱中,怀着平乱的志愿,曾为永王李璘的幕僚。后因璘败牵累,被判长期流放夜郎,可是中途却遇赦东还。很多人根据这一记载,便断定李白未到过夜郎。不过也有人不同意这种说法,经过他们的考证分析,认为李白是到过夜郎的。

李白是否到过夜郎这个问题,按照现有资料是很难说得清楚的,要使人信服还有一定难度。不过这样更好,留下的这个未解之谜给诗人平添许多传奇色彩,多了一份对他的神秘想象。

广德二年(764)正月,朝廷下诏,命天下诸州推举堪任御史、谏官、刺史、县令的人才。李白受到推举,官拜左拾遗。但当喜报送到当涂县时,李白已经不在人世。这一迟到的任命,也基本满足了李白生前的政治愿望。

从求官之路来看,李白是一个矛盾的统一体。他在归隐还是入仕之间苦苦挣扎:一方面"轻王侯、蔑权贵","清高飘逸";另一方面又渴望做官,奔走于权贵之间。

李白为了实现"待吾尽节报明主,然后相携卧白云"的政治理想,积极寻找"申管、晏之谈,谋帝王之术"的政治出路,曾特意跑到戴天山去寻找赵蕤,想从这位精于治国安邦之策的著名隐士身上学习王霸之道、帝王之术,希望有一天能学有所用,得到天子赏识,治国安天下,一展宏图。而在多年的漫游中,他一边游山玩水、喝酒写诗,一边也不忘结交高官,拼命往上层社会挤。他不停地拜访官员,希望得到贵人引荐,可事与愿违,"十谒朱门九不开"。李白诗歌中大量出现的对功名的不屑,恐怕也与求官路上的屡遭碰壁有关,足见诗人潇洒飘逸的背后,更多的是壮志未酬的悲伤和无奈。

　　回溯李白的求官之路,我们可以清楚地看到:他是伟大的诗人,也是普通人,也会呈现出人性中复杂的多面性。但是,这些难以阻断我们对李白诗歌的热爱,任何一段灰暗的求官时光亦都难掩其诗歌的恒久光芒。

第五章 交友何必论出身

李白不仅写下名篇诗作流芳千古,也因到处游历、性情豪放,对人慷慨相助、侠肝义胆,结交了很多朋友。李白交友从不论门第出身,能畅游论剑、饮酒对诗的,都可成为友人。唐朝是一个崇尚诗歌的时代,文化层次、诗歌水平、人格境界往往决定了交友取向,再加上他的名人效应,吸引了众多"粉丝"追捧、仰慕跟随。从现存的史料来看,李白一生交友四百多人,朋友中有文人墨客,也有武士义侠,有的与其年龄相仿,有的年龄与其相差很大。下面从中选取几位代表性人物探讨一下李白的交友之道。

一、与贺知章——"金龟换酒处,却忆泪沾巾"

贺知章(659—744),字季真,号四明狂客,越州永兴(今浙江杭州市萧山区西)人。贺知章诗文以绝句见长,除祭神乐章、应制诗外,其写景、抒怀之作风格独特,清新潇洒,其中《咏柳》《回乡偶书》二首脍炙人口,千古传诵,今尚存十九首录入《全唐诗》。

唐玄宗天宝初年,文名颇著的秘书监贺知章上书朝廷,欲告老致仕,归故乡吴中。玄宗对其非常敬重,诸事待遇异于众人。贺知章与唐玄宗辞别时,不由老泪纵横。唐玄宗问他还有什么要求,贺知章恳切说道:"臣知章有一子,尚未定名,若有幸得陛下赐名,实在是老臣归乡之荣。"玄宗说:"为道之要莫若信,孚者,信也。履信思乎顺,卿子必信顺之人也,宜名之曰孚。"知章拜谢受命。

李白能进入长安任翰林待诏也离不开贺知章的极力推荐。贺知章临行时,唐玄宗命李白作诗赠送贺知章归家。李白写下了《送贺宾客归越》,这首诗意境高远,也成了赠诗中的名篇。

> 镜湖流水漾清波,狂客归舟逸兴多。
> 山阴道士如相见,应写黄庭换白鹅。

这首诗体现出李白与贺知章惺惺相惜的深厚友情。他在诗中说:镜湖水清澈见底,您四明狂客回到故乡,可以泛舟湖上,尽情享受江南美景。当年王羲之写《黄庭经》来换山阴道士养的鹅,您到了那里一定也这样悠然自得。这正是在朝廷里忙碌了一辈子的贺知章心心念念的归隐生活。贺知章闻诗心中慨叹:知我者太白也!不负我金龟换酒之情!诗情张狂的李白在这首诗中表现出难得的平和心境,也足见他对贺知章的敬重。

贺知章比李白大了四十多岁,年龄上的巨大差距,怎么让他们成为朋友的呢?

李白胸怀报国之志,二十五岁时就仗剑出蜀,十余年游历,一路辗转,来到京城长安。功业未成的他始终没有放弃通过自我举荐实现政治抱负的想法。一天,他到一座著名的道观去游览,碰见了时任工部侍郎的诗坛前辈贺知章。贺知章很早就读过李白的诗,对其极为欣赏,这次偶然相逢,见到风流倜傥的李白,惊喜地说道:"我以前读过你的《乌栖曲》,一直认为这样的好诗只有天上的神仙才能写出来,没想到今天能见到你,真是神仙下凡啊!"李白亲耳听到身居高位的诗坛巨匠如此赞叹自己,喜悦之情溢于言表,马上递上新作请贺知章审阅,贺知章一口气读完《蜀道难》,连声惊呼:"谪仙人!"由此李白又多了一个雅号。

两人一见如故,贺知章邀请李白去饮酒,在酒店刚坐下,才想起身边没有带钱。他想了想,便把腰间的金饰龟袋解下来作为酒钱。李白阻拦说:"使不得,这是皇家按品级给你的饰品,怎好拿来换酒呢?"贺知章仰面大笑说:"这算得了什么?我记得你的诗句,人生得意须尽欢,莫使金樽空对月。"二人开怀畅饮,直到微醉时才告别。

豪放的性格使两人成了忘年交,他们在一起饮酒论诗、引吭高歌,好不快活。天宝元年(742),贺知章向皇帝推荐李白入仕,皇帝也曾听玉真公主提及,知其名姓,遂诏李白供奉翰林。

天宝三年(744)，八十六岁高龄的贺知章辞官归乡，念少时玩伴所剩无几，感叹世事沧桑，人生易老，唯有门前湖水的波纹依旧，遂写下了著名诗篇《回乡偶书》二首：

其一

少小离家老大回，乡音无改鬓毛衰。

儿童相见不相识，笑问客从何处来。

其二

离别家乡岁月多，近来人事半销磨。

唯有门前镜湖水，春风不改旧时波。

天宝六载(747)，李白专程赶到浙江，去拜会理解自己、推荐自己的恩师加酒友贺知章，不料贺知章早已病逝。他们在一起饮酒的情景又浮现在眼前，顿时悲从中来，泪流满面，写下了著名的怀念诗《对酒忆贺监》二首：

其一

四明有狂客，风流贺季真。长安一相见，呼我谪仙人。

昔好杯中物，翻为松下尘。金龟换酒处，却忆泪沾巾。

其二

狂客归四明，山阴道士迎。敕赐镜湖水，为君台沼荣。

人亡余故宅，空有荷花生。念此杳如梦，凄然伤我情。

此时的李白被皇帝赐金放还已过三年，正是人生失意落寞时，他漫游江湖，非常想念当初称他为"谪仙人"的贺知章，想从好友那里寻求心灵的慰藉，不料人生无常，赶到贺知章故乡才得知人亡只余故宅,眼前空有荷花,物是人非。赏识他的知己的离世,对失意的李白而言无疑雪上加霜,怎么能不潸然泪下?想起初相见时惊呼"谪仙人"的喜悦,怀念"金龟换酒"时酣畅对酌的赤诚,触景生情,徒增悲凉。

二、与宋之悌——"平生不下泪,于此泣无穷"

宋之悌,初唐诗人宋之问(约 656—712)之弟,生卒年不详。《新唐书》记载:

> 之悌,长八尺,开元中,历剑南节度使、太原尹。尝坐事流朱鸢,会蛮陷驩州,授总管击之。募壮士八人,被重甲,大呼薄贼曰:"獠动即死!"贼七百人皆伏不能兴,遂平贼。

宋之悌父亲宋令文起自乡间,矢志于学,交友重义,"比德同道,理闿探索,词源论讨"。他多才多艺,不仅"富文辞,且工书,有力绝人,世称'三绝'"。唐高宗时做到左骁卫郎将和校理图书旧籍的东台详正学士,饶著声誉。在父亲的影响下,宋之问、宋之悌、宋之逊三兄弟自幼勤奋好学,各得父之一绝:宋之悌骁勇过人,宋之逊精于草隶,宋之问则工专文词,成当时美谈佳话。上元二年(675),宋之问进士及第,登临"龙门",踏上了仕途。

李白先与宋之问相交,随后认识了宋之悌。宋之悌先是读了李白的诗,对其极为欣赏,后来见到李白如此豪爽的性情,更是喜欢,两人很快成了好朋友,经常一起饮酒,探讨剑术。一文一武,一老一少,竟结为挚友。在今天看来,二人关系迅速拉近应该不仅是因为喝酒论剑,也和李白跟老师赵蕤学过纵横术有关。

《唐诗纪事》卷十八引杨天慧《彰明逸事》曰:李白"隐居戴天大匡山,往来旁郡,依潼江赵征君蕤。(蕤)亦节士,任侠有气,善为纵横学,著书号《长短经》。太白从学岁余"。

李白从赵蕤学习纵横之学,大概在十七八岁,这时正在世界观的形成时期,所学的一切,对他一生都产生了重大影响。中国古时重视义利之辨,儒家重义,法家重利,纵横家注重乘时取利。

多次自荐未果的李白曾想走从军的道路达到报效国家、建功立业的目的,结识了在军中有要职的宋之悌后,李白大有相见恨晚之意,恰宋之悌对李白也是欣赏有加,二人对酒畅谈胸中抱负,规划人生远景,自然而然成为挚友,这也就不难理解,为何好友被贬,李白会洒泪相别。

李白在他大量的诗歌作品中,勾勒出了一个仰天大笑、风流潇洒的乐天派形象,游山玩水,醉酒当歌,平生朋友遍天下,慷慨解囊,行侠仗义,赋诗千行为友情,送别之时泪沾襟,让他落泪之人就是宋之悌。

开元二十二年(734),宋之悌遭贬赴交趾,李白在江夏与他分别而作《江夏别宋之悌》:

楚水清若空,遥将碧海通。人分千里外,兴在一杯中。

谷鸟吟晴日,江猿啸晚风。平生不下泪,于此泣无穷。

这首诗开篇以"楚水""碧海"尽显辽阔，凸显了李白诗歌的意境高远，接着从景转到人，天地之大，人行千里，相见渺茫，与君一别楚天阔，海天浩渺难再遇，离别之情尽在一杯酒中，这酒之浓重入肺腑，这伤感招致谷中鸟儿鸣叫、猿猴哀号，此处感情烘托极其到位，酒入口中醉人心，张口无语泪两行。前三联写得豪意洒脱，最后以悲怆沉郁的笔调结尾，如此豪迈的李白，竟然以如此细腻的情感送别友人，可见其对宋之悌情深意重。宋之悌早年仕途发达，到了晚年却远谪蛮荒之地，面对这样的落差，李白和宋之悌有着同样悲痛的感受。

在今天看来，"平生不下泪，于此泣无穷"不仅仅包含对宋之悌垂暮之年远谪交趾的离别之泪，应该也有李白对自己经历坎坷、壮志难酬的喟叹感慨。

李白和宋之悌的深厚友情终是在最关键的时刻改变了李白的命运。757年，李白因附逆罪入狱后，宋之悌之子御史中丞宋若思四处奔走救下了李白，这首《江夏别宋之悌》应该也深深感动了宋之悌的后人，使他未忘父辈之间的友情。

三、与孟浩然——"高山安可仰，徒此揖清芬"

孟浩然（689—740），名浩，字浩然，襄州襄阳（今属湖北）人，世称孟襄阳。因他未曾入仕，又被称为孟山人，是唐代著名的山水田园派诗人。

孟浩然生当盛唐，早年有志用世，在仕途困顿、痛苦失望后，尚能自重，不媚俗世，曾隐居鹿门山。四十岁时，游长安，应进士举不第。开元二十五年(737)被张九龄招入幕府,后隐居。孟诗绝大部分为五言短篇,多写山水田园和隐居的逸兴以及羁旅行役的心情。其中虽不无愤世嫉俗之词,但更多的属于诗人的自我表现。

孟浩然的诗虽不如王维诗境界广阔,但在艺术上有独特的造诣,故后人把他与王维并称为"王孟",有《孟浩然集》三卷传世。

李白一生结交的诗人很多,有与他年龄相仿的,也有与他年龄相差比较大的,孟浩然比李白大十二岁。两人第一次见面是在安陆,那个时候,李白的名气还没有孟浩然大,孟浩然的"春眠不觉晓,处处闻啼鸟。夜来风雨声,花落知多少"让李白读后连连称妙,并因此认准了这位老师、兄长、朋友,对其产生了崇拜之情。

当年二十七岁的李白东游归来,至湖北安陆,娶了前左丞相许圉师的孙女许紫烟为妻。李白怀着敬仰之心专门到鹿门山拜访仰慕已久的孟浩然,孟浩然也对小有名气的后生李白推崇有加。

孟浩然向来淡泊名利,长期隐居,他怎么会与生性狂放、一心追求功名的李白交往呢?从二人的诗词和经历看,最重要的一条,是都有知识分子的孤傲气。李白好饮酒赏月,孟浩然也喜月饮酒,李白"安能摧眉折腰事权贵,使我不得开心颜",孟浩然压根儿就不出来做官,也不屑侍奉皇帝。同为孤傲之人,必有相通之处。

　　孟浩然是一位失败的求仕者,而被李白塑造成一个从未在意功名的绝世高士,特别是极度夸张其弃仕的风流高节。孟浩然在唐诗中经常以典范隐士的面目出现,宇文所安《盛唐诗》里说:"李白及其他人需要一位傲岸的隐士,一种蔑视仕宦'轩冕'的'自由精神',及一位将时光付于中等酒的'中圣'的狂士。"而李白的描绘最多不过是集中了狂放隐士的基本特征,它是李白自己及时代的价值观的具体化。孟浩然与李白有很多相似之处,特别是他们的率性,郭沫若说李白既想要做大官,又想要做神仙,其实孟浩然也是如此。

　　开元十五年(727),孟浩然第一次奔赴长安参加科举考试。开元十六年(728)初春,孟浩然在长安作《长安早春》诗,抒发渴望及第之怀,当年他四十岁,然而科举不中。即使如此,孟浩然仍留在长安献赋以求赏识。他曾在太学赋诗,名动公卿,一座倾服,为之搁笔。

　　同年,孟浩然与王维结交,王维为孟浩然画像,两人成为忘年之交,交谊甚笃。传说王维曾私邀其入内署,适逢玄宗至,浩然惊避于床下。王维不敢隐瞒,据实奏闻,玄宗命其出见。浩然自诵其诗,至"不才明主弃"之句,玄宗不悦,说:"卿不求仕,而朕未尝弃卿,奈何诬我!"因此将其放归襄阳。

　　开元十七年(729),孟浩然离开长安,辗转于襄阳、洛阳,夏季游吴越,与曹三御史泛舟太湖。曹三御史拟荐浩然,浩然作诗婉言谢绝,次年游玩于江南的名山古刹。

　　开元二十三年(735),韩朝宗为襄州刺史,十分欣赏孟浩然,于是邀请他参加饮宴,并向朝廷推荐他。孟浩然因考虑到上京干谒张九龄未果,认为作为刺史的韩朝宗也无法让他入仕,便没有按照约定赴京。韩朝宗怒去,孟浩然依然不悔。不求做官,潇洒漫游,果然不负"风流天下闻"的美名。同年李白赴襄阳,和孟浩然游玩。李白走后,孟浩然入蜀,往游广汉。

开元二十八年(740),孟浩然五十二岁,王昌龄遭贬,途经襄阳,访孟浩然,二人相见甚欢。孟浩然背上长了毒疮,本来医治将愈,因王昌龄到来纵情宴饮,食鲜疾发去世。

在李白与孟浩然的交往中,可查到李白写给孟浩然的诗有五首。

开元十八年(730)三月,李白听说孟浩然要去广陵,就拜托好几个朋友请孟浩然来一见,目的就是为他饯行。两个人在江夏见面时,李白三十岁,孟浩然四十二岁,李白写了《黄鹤楼送孟浩然之广陵》:

> 故人西辞黄鹤楼,烟花三月下扬州。
>
> 孤帆远影碧空尽,唯见长江天际流。

这首诗一经问世,就稳居送别诗榜首,成为千百年来被引用得最多的诗歌之一。我们时常感叹唐诗为什么会有如此大的魔力,让今人爱不释手、反复吟诵,原因在于其不仅押韵、节奏感强,还在于其中打造出来的唯美画面,自然与人文的完美融合,为诗歌本身增添了无穷的魅力。李白在黄鹤楼望着故人西行,频频挥手辞别。在这个柳絮如烟、繁花缤纷的美好三月,好友要去扬州远游,这一去不知何时才能相见。站在高楼目送友人的小船在江面远去,直至消失在视线中,只剩一线江水向着浩渺的天际奔流。诗中有离别的感伤,却又不拘泥于离愁别绪,把一场送别融入辽阔的天地,让人知道人生不只有相守,还有更高远的追求更广阔的天地。

李白与孟浩然再相见大约隔了十年,他又陆续给孟浩然写了四首诗。开元二十七年(739),李白游襄阳,访孟浩然,写了《赠孟浩然》:

> 吾爱孟夫子,风流天下闻。红颜弃轩冕,白首卧松云。
> 醉月频中圣,迷花不事君。高山安可仰,徒此揖清芬。

从上面这首诗中,我们可以看到一个把孟浩然当作偶像来痴迷崇拜的李白。开篇直呼"吾爱孟夫子",这句直白的表达即使放在今天也足以震撼读者,接着用"风流"二字概括了孟浩然的人生,孟浩然年轻时舍弃荣华富贵,归隐襄阳,在"岩扉松径长寂寥"的山林间,红颜白首卧松云,醉月迷花不事君,"隐者自怡悦",淡泊名利,胸襟阔远,这一切可以说是风流至极,让李白羡慕不已。

同年,李白游禅寺,写下了《春日归山寄孟浩然》:

> 朱绂遗尘境,青山谒梵筵。金绳开觉路,宝筏度迷川。
> 岭树攒飞栱,岩花覆谷泉。塔形标海月,楼势出江烟。
> 香气三天下,钟声万壑连。荷秋珠已满,松密盖初圆。
> 鸟聚疑闻法,龙参若护禅。愧非流水韵,叩入伯牙弦。

这首诗题目中虽然有"寄孟浩然",内容却不像《赠孟浩

然》那样处处有孟浩然的影子,也有资料显示这是李白游玩应
景之作。诗中描述了李白春日游禅寺所见的景色,写景融于
佛语中,对仗严谨。大致意思是:褪去一身朝服赶赴青山拜谒
佛教道场,黄金绳索指明觉悟之路,乘上小船渡过尘世迷障。
岭上的高树聚拢如弓形的通道,岩上的红花盛开掩盖了山谷
的泉水。佛塔高耸是海上日月的标志,佛楼气势雄伟依傍着
大江烟雾缭绕。佛院里的香火气息传遍三界,钟声延绵至万
山丘壑,念珠如秋日莲子成熟饱满,繁密的松树遮盖住了天上
的明月。鸟儿似乎也聚集来听佛法,龙王也前来护法。惭愧
的是我发不出如江河般的流水声韵,不然也能和入伯牙的
琴声。

淮南对雪赠孟浩然

朔雪落吴天,从风渡溟渤。梅树成阳春,江沙浩明月。

兴从剡溪起,思绕梁园发。寄君郢中歌,曲罢心断绝。

游溧阳北湖亭望瓦屋山怀古赠孟浩然

朝登北湖亭,遥望瓦屋山。天清白露下,始觉秋风还。

游子托主人,仰观眉睫间。目色送飞鸿,邈然不可攀。

长吁相劝勉,何事来吴关?闻有贞义女,振穷溧水湾。

清光了在眼,白日如披颜。高坟五六墩,崒兀栖猛虎。

遗迹翳九泉,芳名动千古。子胥昔乞食,此女倾壶浆。

运开展宿愤,入楚鞭平王。凛冽天地间,闻名若怀霜。

壮夫或未达,十步九太行。与君拂衣去,万里同翔翔。

李白笔下的孟浩然俨然已经是一个在山水之间逍遥自在的神仙,李白羡慕他的清高淡雅,却又不能做到如他一般不问世事。春日归山,李白写诗给孟浩然;冬日淮南落雪,李白写诗给孟浩然;北湖亭内秋风起,李白也感慨满怀地写诗给孟浩然。这一年,李白都在想象孟浩然是如何享受季节更替、生命轮回的,他似乎把孟浩然当作了另一个时空的自己。一个李白在四处游走、努力自荐,想要以自己的才华为国效力,而后功成身退;另一个李白则已经跟随孟浩然在山水之间逍遥快活,在天地之间自由翔翔。

孟浩然又何尝不懂李白的矛盾人格,他一首诗都没有回给李白,但写与不写李白都懂,同道中人,明月寄相思,清风传吾意。

四、与王昌龄——"我寄愁心与明月,随君直到夜郎西"

王昌龄(698—756),字少伯,京兆长安(今陕西西安)人。盛唐著名边塞诗人,被后人誉为"七绝圣手"。王昌龄早年贫苦,主要依靠农耕维持生活,三十岁左右进士及第,初任秘书省校书郎,而后博学宏词科登第,任汜水尉,因事被贬岭南。王昌龄与李白、高适、王维、王之涣、岑参等人交往深厚。开元末返长安,改授江宁丞,被谤谪龙标尉。安史之乱起,为亳州刺史闾丘晓所杀。其诗以七绝见长,尤以登第之前赴西北边塞所作边塞诗最著,有"诗家夫子王江宁"之誉。王昌龄诗缜密而思清，其与高适、王之涣齐名，有文集六卷，今编诗四卷。代表作有《从军行》《出塞》《闺怨》等。

王昌龄、高适、王之涣既是酒友，也是诗友，历史上很有名的"旗亭画壁"说的就是他们三人的故事。

一天，王昌龄、王之涣、高适三个人在旗亭喝酒。这时来了十几个梨园伶官和四名漂亮的女艺人，她们在那个地方弹琴唱歌。三位诗人暗地里约定，看她们到底会唱谁的诗。过了一会儿，有一个女子唱道："寒雨连江夜入吴，平明送客楚山孤。洛阳亲友如相问，一片冰心落玉壶。"王昌龄听了以后，拿一支笔在墙上画一个勾，说明这是他写的诗。

过了一会儿，有一个女子唱道："开箧泪沾臆，见君前日书。夜台何寂寞，犹是子云居。"高适一听，赶紧画上记号。

又过了一会儿，一个女子唱道："奉帚平明金殿开，且将团扇共徘徊。玉颜不及寒鸦色，犹带昭阳日影来。"这也是王昌龄写的诗。

王之涣坐不住了，说刚才唱你们那些诗的人长得都不漂亮，品位也不高。他指着其中最漂亮的女子说，如果今天她不唱我的诗，我今后就不再写诗了。过了一会儿，漂亮女子终于唱道："黄河远上白云间，一片孤城万仞山。羌笛何须怨杨柳，春风不度玉门关。"王之涣终于笑逐颜开。

这个故事反映了当时文人诗歌在民间广为传唱的程度，这也是文人雅趣的一个重要表现。

李白与王昌龄的关系也很不一般，天宝十二载（753），李

白在东南漫游,听到王昌龄从江宁丞被贬为龙标(治所在今湖南怀化洪江市黔城镇)尉,写下了《闻王昌龄左迁龙标遥有此寄》:

> 杨花落尽子规啼,闻道龙标过五溪。
>
> 我寄愁心与明月,随君直到夜郎西。

诗中写道:树上杨花落尽,杜鹃在不停地啼叫,听说你被贬龙标,那里地方偏远要经过五溪。让我把对你的担忧与思念托付给天上的明月吧,伴随着你一直走到那夜郎以西之地!

这是一首七绝,感情却相当沉重。它一开头便择取两种富有地方特征的事物,描绘了南国的暮春景象,烘托出一种哀伤愁恻的气氛。杨花即柳絮,子规是杜鹃鸟的别名,相传这种鸟是蜀王杜宇的精魂所化,鸣声异常,凄切动人。五溪为湘黔交界处的辰溪、酉溪、巫溪、武溪、沅溪,在唐代,这一带是荒僻边远的不毛之地,也正是王昌龄的贬所。读了这首诗,人们不难想象,寄游在外的诗人看着南国暮春三月的景象,眼前是纷纷飘扬的柳絮,耳边是子规鸟的声声悲啼,此情此景,足以使人心生悲凉,何况又传来远方老友不幸遭贬的消息,怎能不为他担心、忧愁?

《新唐书》载王昌龄左迁龙标尉,是因"不护细行",也就是说,他并没有什么重大问题,而只是生活不够检点。李白在听到他不幸的遭遇以后,写下了这一首充满同情和关切的诗篇,从"遥有此寄"便可看出二人情谊深厚。

李白比王昌龄小三岁,据说在巴陵(今湖南岳阳市)初识时,两人一见如故,有着说不完的话。也有人称这并不是两人初次相见,他们在长安时便已相识。不管是哪种情况,我们都可以知道两人情谊甚笃。临别之际,两人乘舟饮酒赋诗,好不畅快。王昌龄为李白作《巴陵送李十二》:

> 摇曳巴陵洲渚分,清江传语便风闻。
> 山长不见秋城色,日暮蒹葭空水云。

诗的前两句大意是,我与李白在巴陵的江中乘船漂游,把酒畅谈,途中遇到洲渚将江水分为两半,但讲话的声音是可以随风传给对方的。这里诗人写得颇为含蓄,其实是指两人分别之后可以通过信件往来传递思念。后两句意为,两人兴致勃勃地在舟上回望巴陵,视线却被两岸绵延的高山隔断,已经不见了巴陵城的秋色,日落之时,唯见芦苇和倒映水中的白云。在这水天一色的绝美景色中,两位诗坛奇才暂时抛开凡尘愁事,举杯推盏,对酒当歌。

看到功业未成的好友,王昌龄心中五味杂陈。这些复杂的情绪也只能在诗中通过暮色沉沉、蒹葭苍苍、白云悠悠等自然景色烘托出来,有不舍,有关怀,更有担忧,李白当然能领会朋友的心境,真挚的友情是不需要多言的,滚烫的情谊皆在酒中、在诗句里、在眼神的对望中。

前面说到王昌龄被亳州刺史闾丘晓所杀。安史之乱爆发后,被贬龙标的王昌龄十分思念家中的亲人,在未请辞的情况下离开龙标,行至亳州,被亳州刺史闾丘晓所杀。《唐才子传》记载:"以刀火之际归乡里,为此时闾丘晓所忌而杀。"《旧唐书》形容闾丘晓"素慠戾，驭下少恩，好独任己"，意思是闾丘晓这个人刚愎自用，寡恩任性。他自以为王昌龄趁国家有难临阵脱逃，故而杀之。

王昌龄被冤杀后，在朝廷上下引起不小的震动，朝中官员为其鸣不平，纷纷谴责闾丘晓草菅人命。

756年，朝廷命张镐兼河南节度使前去平定河南安史叛军，"镐既发，会张巡宋州围急，倍道兼进，传檄濠州刺史闾丘晓引兵出救"。"及镐信至，略无禀命，又虑兵败，祸及于己，遂逗留不进。镐至淮口，宋州已陷。"意思是说，在平乱中张镐命令闾丘晓率兵救援宋州，闾丘晓怕打仗失败，故意按兵不动，最终延误时机，导致大败。后张镐以贻误军机的罪名要处死闾丘晓，闾丘晓在临刑之前装可怜说："有亲，乞贷余命。"然而，张镐正告他："王昌龄之亲，欲与谁养？""晓默然。""镐怒晓，即杖杀之。"

假如王昌龄不被冤杀，今天的我们一定还会读到他更多的佳作，这不能不说是唐朝诗坛的遗憾。

五、与杜甫——"飞蓬各自远，且尽手中杯"

杜甫（712—770），字子美，生于河南巩县（今河南巩义西南），出身官僚家庭，十三世祖杜预是西晋名将，祖父杜审言是武则天时著名诗人，父亲曾为兖州司马和奉天县令，因此他也享有不纳租税、不服兵役等特权。杜甫一生经历了读书壮游时期、长安困守时期、陷贼和为官时期、漂泊西南时期，长期颠沛流离的生活,使他亲眼看到了经历安史之乱后百姓遭受的疾苦,为他最终成为一名忧国忧民的伟大现实主义诗人奠定了基础。

天宝三载(744),四十四岁的李白被赐金放还,这年夏天他行至洛阳,遇到了三十三岁的杜甫,当时杜甫已经写下"会当凌绝顶,一览众山小"的名句,李白对这位年轻人也早有耳闻。两人相谈甚欢,"邂逅相逢酒一樽,清风明月满柴门"。这年秋天两人又如约来到梁宋,在这里,他们遇到了四十一岁的高适,三人结为挚友。游历至梁园,一起饮酒作诗,"醉舞梁园夜,行歌泗水春",成就了"梁园三剑客"的美名。杜甫和高适还一同见证了李白与前宰相宗楚客孙女宗氏"千金买壁"的美好姻缘。

无官一身轻,如此愉快的生活并不长久,世事变迁,心境随之改变,之后不久,三人也走上了不同的人生道路,杜甫赶往长安寻求入仕,高适前往西域从军,李白则继续做逍遥剑客。

这里先说李白和杜甫的交往。

(一)李白赠杜甫诗,"借问别来太瘦生,总为从前作诗苦"

我们目前能看到四首李白写给杜甫的诗。《鲁郡东石门送杜二甫》,作于天宝四载(745)秋天,也就是李白被赐金还山的第二年,他与杜甫从上次梁园分别后又在鲁郡重逢,好友相见,同游山水,自是一番推杯问盏,在东石门分别之际,李白写了这首送别诗:

醉别复几日,登临遍池台。

何时石门路,重有金樽开。

秋波落泗水,海色明徂徕。

飞蓬各自远,且尽手中杯。

既然是分别,就少不了饮酒,饮酒时又互诉衷肠,分别时又增感伤。诗中写道:我们上次在一起酒醉分别不过几日,这几天又重逢游遍了鲁地的亭台楼阁。不知下一次何时才能再相见,同游玩共举杯痛饮。泗水河中秋波荡漾,如海一样的苍绿照亮了徂徕山。在这高远空阔的天地间,我们即将如飞蓬各自随风飞行,就让我们干了这杯酒吧!全诗洋溢着浓浓的离别之情,诗人又把这种感情置于如画的山水间,揉进杯中的酒水间,自然而然地流露出赤诚和纯真之心境。

另外,李白还写给杜甫三首诗。

沙丘城下寄杜甫

我来竟何事,高卧沙丘城。

城边有古树,日夕连秋声。

鲁酒不可醉,齐歌空复情。

思君若汶水,浩荡寄南征。

这首诗是李白在鲁郡送别杜甫之后,南游江东之前,回到沙丘城(今山东汶水之畔)住处所写。诗中体现出李白独自在沙丘城的悠闲和落寞:"我"来这里到底为了什么事?日日独卧沙丘寓所。或走出城看看百年古树,听听秋天叶落的沙沙声。你不在这里,"我"一人饮酒总不能尽兴,即使听经典的齐乐也觉得空洞索然,不知为谁而唱。对你的思念如滔滔汶水,奔向你南行的方向。

李白的每一首诗歌都有极强的画面感,老城、古树、秋叶、陈酒、齐乐,一人独酌怀念友人,极煽情的画面,也恰到好处地表达了李白那时那地视杜甫为知己并把思想波动一一倾诉的心情。

秋日鲁郡尧祠亭上宴别杜补阙范侍御

我觉秋兴逸,谁云秋兴悲?山将落日去,水与晴空宜。

鲁酒白玉壶,送行驻金羁。歇鞍憩古木,解带挂横枝。

歌鼓川上亭,曲度神飙吹。云归碧海夕,雁没青天时。

相失各万里,茫然空尔思。

这首诗具体是写给谁的,目前存有争议。有人说是李白写给杜、范两位友人的,非单独写给杜甫,查阅段成式《酉阳杂俎》中的《语资》篇:

成式偶见李白《祠亭上宴别杜考功》诗,今录首尾曰:"我觉秋兴逸,谁言秋兴悲?山将落日去,水共晴空宜。""烟归碧海夕,雁度青天时。相失各万里,茫然空尔思。"

在流传和收录的周转过程中,诗的题目可能有所改变,内容也有所曲解,笔者认为段成式记载为真。

秋日的傍晚,李白在尧祠(今山东兖州一带)和好友告别,以他特有的豪情开篇,直抒胸臆:"我"看这秋色令我心旷神怡、舒适飘逸,怎么世人都谈秋生悲情呢?放眼望去,绵延的群山带走了落日;尧祠亭上下,清澈的水流同万里晴空相映成趣。白玉壶里盛满了鲁地的美酒,请君卸下马鞍让马在树林中休息片刻,解下锦带挂在树枝上,让"我"举杯为您送行。水上的尧祠亭中传来唱歌打鼓声,曲调悠扬,随风飞入云天。看云霭向天边渐行渐远,大雁也消失在茫茫的青天中。我们即将分别,相距万里,茫然中只有无边的愁思蔓延。

群山、落日、水流、晴空、乐歌、美酒、友人举杯,情融于景,景烘托情,在享受美景的同时又感慨聚散无常,淡淡伤感中蕴含更多人生的豪迈,这就是李白诗歌的魅力,千年生辉。

戏赠杜甫

饭颗山头逢杜甫,顶戴笠子日卓午。

借问别来太瘦生,总为从前作诗苦。

诗歌题目用"戏赠"二字,开头也像和老友开玩笑一样,大概是在饭颗山上遇到的杜甫吧,他戴着一顶破草帽遮挡住正午的烈日。"我"问为何从上次分别后这次又瘦削了很多,你说可能是前一阵作诗太辛苦了吧。这一番关怀和问答,引出了一段历史佳话,李白作诗一贯豪情万丈、寄情山水,而杜甫写诗则忧国忧民、思想深重,李白担忧杜甫的身体会因为写诗而累垮,关切之情尽在笑谈之中。

这几首诗和李白写给孟浩然的诗对比,没有强烈的崇拜、欣赏、赞美之词，有的只是游历山间，乏累时、饮酒后的感慨和思念，是"我在这里你在哪"的问候，是相隔甚远不能对饮的茫然若思、寡淡失落，这友情对李白来讲，是游历岁月里的慰藉，他知道杜甫是懂他的，他也知道杜甫是崇拜仰慕他的，与杜甫的这份友情陪伴着李白走过最落魄却又最潇洒的时光。

李白赠给杜甫的诗也许不止这四首，可能还有几首遗失了，正如李阳冰在《草堂集序》中记述："自中原有事，公避地八年；当时著述，十丧其九，今所存者，皆得之他人焉。"意思是说：自从中原发生战事，李白逃避战乱达八年之久，当时所写的文章，十分之九都遗失了，现在保留下来的，都是从别人那里收集来的。如果不发生安史之乱，我们可能会看到更多李白赠给杜甫的诗。

（二）杜甫赠李白诗，"世人皆欲杀，吾意独怜才"

杜甫、李白这两位伟大诗人的交往，可概括为"一次偶遇、两次相约"。天宝三载（744）夏天，李白到达东都洛阳，二人一相见便结下了深厚的友情，他们约好下次在梁宋会面；这年秋天，两人如约而至，一起抒怀遣兴，借古评今，并约定再次相见之日；天宝四载（745）秋天，李白与杜甫在东鲁第三次相见，这年冬天，两人分别，杜甫西去长安，李白继续漫游，此后他们再没有会面。在杜甫与李白的交往中，杜甫赠给李白的诗共有十五首，杜甫把对李白的深厚感情都凝聚在了他的诗歌中。

1.记录游兴多快乐——"醉眠秋共被,携手日同行"

赠李白

二年客东都,所历厌机巧。野人对膻腥,蔬食常不饱。

岂无青精饭,使我颜色好。苦乏大药资,山林迹如扫。

李侯金闺彦,脱身事幽讨。亦有梁宋游,方期拾瑶草。

这是杜甫赠李白最早的一首诗。天宝三载(744),杜甫旅居东都洛阳,李白被赐金放还后也来到了这里,此赠诗,当在其时,故有脱身金闺之句。杜甫羡慕李白的潇洒,他置身于朝廷之中,厌恶钩心斗角之俗世,不由得就想向李白倾诉:旅居东都的两年中,"我"所经历的那些诡诈之事,最使人讨厌。富贵人家日日都吃美味珍馐,"我"只能粗茶淡饭还经常饥肠辘辘。难道没有延年益寿的青精饭,让我的脸色变得好看?可惜没有炼金丹的资金和材料,没有办法进入这深山老林隐居炼药。您是朝廷里贤德杰出的人才,也脱身而出,前往幽林中寻求隐身之道。我也要离开东都,到梁宋去游览,希望能和你一起去采仙草。

与李十二白同寻范十隐居

李侯有佳句,往往似阴铿。余亦东蒙客,怜君如弟兄。

醉眠秋共被,携手日同行。更想幽期处,还寻北郭生。

入门高兴发,侍立小童清。落景闻寒杵,屯云对古城。

向来吟橘颂,谁与讨莼羹。不愿论簪笏,悠悠沧海情。

此诗大约作于天宝四载（745）秋，杜甫在鲁郡与李白重逢，相约同访隐居于鲁郡城北的范十居士，当时三人共同吟诵屈原的《橘颂》，情感上的共鸣让杜甫念念不忘，诗中写道：李白有写得很美妙的诗文，写得像南朝人阴铿那样好。"我"也算得上是鲁郡的隐士，喜爱他就像喜爱自家弟兄一般。我们晚上大醉后同盖被子睡觉，白天则结伴携手一起游玩。想到我们还有个隐逸的约定，便一同去寻访城北的范先生。进门后就产生高雅的兴致，少年童仆也让人感到清雅。一直到夕阳西下寒杵声起，晚云笼罩古城还不想分开。就如《橘颂》中的高品格之人，谁会贪恋故乡风物之美呢？我们不想讨论仕途的事情，只想寄情沧海，沐浴于纯真的友情之中。

2.仰慕人格好高尚——"长安市上酒家眠，天子呼来不上船"

饮中八仙歌

知章骑马似乘船，眼花落井水底眠。

汝阳三斗始朝天，道逢麹车口流涎，恨不移封向酒泉。

左相日兴费万钱，饮如长鲸吸百川，衔杯乐圣称避贤。

宗之潇洒美少年，举觞白眼望青天，皎如玉树临风前。

苏晋长斋绣佛前，醉中往往爱逃禅。

李白一斗诗百篇，长安市上酒家眠，

天子呼来不上船，自称臣是酒中仙。

张旭三杯草圣传，脱帽露顶王公前，挥毫落纸如云烟。

焦遂五斗方卓然，高谈雄辩惊四筵。

这首诗大约是天宝五载(746)杜甫初到长安时所作。史称李白与贺知章、李琎、李适之、崔宗之、苏晋、张旭、焦遂八人俱善饮,被称为"饮中八仙",他们都在长安生活过,在嗜酒、豪放旷达这些方面彼此相似。杜甫此诗是为这八人描肖像。

杜甫"画笔"一挥,妙语连连、惟妙惟肖地描摹出一幅活灵活现的八仙图。他在诗中写道:贺知章酒后骑着马,晃晃悠悠如乘船。他眼睛昏花坠入井中,竟在井底睡着了。汝阳王李琎饮酒三斗以后才去觐见天子,路上碰到装载酒曲的车,酒味引得他口水直流,为自己的封地没能在水味如酒的酒泉郡而遗憾。左相李适为每天的酒兴不惜花费万钱,饮酒如长鲸吞吸百川之水,自称举杯豪饮是为了脱略政事,以便让贤。崔宗之是一个潇洒的美少年,举杯饮酒时,常常傲视青天,俊美之姿有如玉树临风。苏晋虽在佛前斋戒吃素,饮起酒来常把佛门戒律忘得干干净净。李白饮酒一斗,立可赋诗百篇,他去长安街酒肆饮酒,常常醉眠于酒家。天子在湖池游宴,召他为诗作序,他因酒醉不肯上船,自称是酒中之仙。张旭饮酒三杯,即挥毫作书,时人称为草圣。他常不拘小节,在王公贵戚面前脱帽露顶,挥笔疾书,若得神助,其书如云烟之泻于纸张。焦遂五杯酒下肚,才精神振奋。在酒席上高谈阔论,常常语惊四座。

这首诗写李白最出彩的一句乃是"天子呼来不上船",何等的傲气,何等的潇洒,这也是杜甫眼中的李白,须仰视才见。

3.规劝好友敛锋芒——"痛饮狂歌空度日,飞扬跋扈为谁雄"

赠李白

秋来相顾尚飘蓬,未就丹砂愧葛洪。

痛饮狂歌空度日,飞扬跋扈为谁雄。

此诗作于天宝四载(745)秋。天宝三载(744)初夏杜甫与李白在洛阳相识,遂相约同游梁宋。这年秋天,杜甫与李白在鲁郡相别,杜甫写了这首赠诗,这是现存杜诗中最早的一首绝句。两位诗人相逢,醉酒当歌,写诗互赠,李白写"飞蓬各自远,且尽手中杯",杜甫写"秋来相顾尚飘蓬",这"飞蓬"和"飘蓬"都是比喻漂泊的人,也暗指他们有着相似的坎坷遭遇,二人都才情横溢,却在这鲁地无所事事,不能成功炼制丹药,恐怕无颜面对葛洪啊,每天醉酒狂歌度过这些光阴,恣意潇洒之傲骨谁人能欣赏?

4.盼望彼此再重逢——"何时一樽酒,重与细论文"

春日忆李白

白也诗无敌,飘然思不群。清新庾开府,俊逸鲍参军。

渭北春天树,江东日暮云。何时一樽酒,重与细论文。

这首诗是天宝五载或六载(746或747)春杜甫居长安时所作。天宝三载(744),李白和杜甫在洛阳相遇之后一起到宋州,在单父以北的汶水畔和诗人高适相逢。后来二人又一起到大梁城。分手后,李白赶往江东,杜甫奔赴长安。

冬日有怀李白

寂寞书斋里,终朝独尔思。更寻嘉树传,不忘角弓诗。
短褐风霜入,还丹日月迟。未因乘兴去,空有鹿门期。

此诗当作于天宝五载(746)冬。

天末怀李白

凉风起天末,君子意如何。鸿雁几时到,江湖秋水多。
文章憎命达,魑魅喜人过。应共冤魂语,投诗赠汨罗。

这首诗作于乾元二年(759)秋,和《梦李白》二首是同一时
期的作品,当时诗人弃官远游客居秦州(治所在今甘肃天水
市)。《梦李白》二首诗中的怀疑总算可以消除了,但怀念与
担忧却丝毫未减,于是杜甫又写下《天末怀李白》表达牵挂
之情。

梦李白

其一

死别已吞声,生别常恻恻。江南瘴疠地,逐客无消息。
故人入我梦,明我长相忆。恐非平生魂,路远不可测。
魂来枫叶青,魂返关塞黑。君今在罗网,何以有羽翼。
落月满屋梁,犹疑照颜色。水深波浪阔,无使蛟龙得。

其二

浮云终日行，游子久不至。三夜频梦君，情亲见君意。

告归常局促，苦道来不易。江湖多风波，舟楫恐失坠。

出门搔白首，若负平生志。冠盖满京华，斯人独憔悴。

孰云网恢恢，将老身反累。千秋万岁名，寂寞身后事。

这组诗是乾元二年（759）秋杜甫流寓秦州时所写。李白和杜甫于天宝四载（745）秋在山东兖州石门分别后就再没见面。乾元元年（758），李白被流放夜郎，第二年春，行至巫山遇赦，回到江陵。杜甫流寓秦州，消息隔绝，只听闻李白被流放，却不知其已被赦还，仍在为李白忧虑，忧思拳拳，久而成梦，于是写下了这组诗。

以上几首皆是杜甫"忆""怀""梦"李白，可见当时初到长安的杜甫非常牵挂游历在民间的李白，为他叹息，为他担忧，足见杜甫懂李白、识李白、崇拜李白，李白与杜甫是在文学领域里灵魂相通的两个人，他们的遇见是中国诗歌王国里的一件幸事，他们之间的诗文相赠，为璀璨的诗歌星空增添了靓丽的光芒。

李白是"诗仙"，杜甫是"诗圣"，两人都是唐诗的两座高峰，两个人又成为关系很好的忘年交，杜甫不管身在何处始终没有忘记这位朋友，并且不停地写诗送给李白，极尽赞美之词。两人神思妙语、和诗传意，为后人留下了旷世名篇。

5.不见李白心担忧——"世人皆欲杀,吾意独怜才"

不见

不见李生久,伴狂真可哀。

世人皆欲杀,吾意独怜才。

敏捷诗千首,飘零酒一杯。

匡山读书处,头白好归来。

这首诗大约作于上元二年(761),题下自注:"近无李白消息。"可能是知道李白流放夜郎被赦,引起对李白的思念而写的。杜甫是仰慕李白才华的,745年他们在山东兖州分别后,一直没能再见面,他在诗中说:已经好久没有见到李白了,他看似狂放,其实"我"能感受到他内心的悲哀。世上那些不了解他的人恐怕要抹杀了他,只有"我"怜惜他是个人才。文思敏捷、落笔成行诗有千首,游荡在山水间,手中始终不离一杯酒。不要忘记匡山那里有你读书的旧居,头发花白了还是要记得那是你最终的归宿。

6.诗文流传必绝伦——"笔落惊风雨,诗成泣鬼神"

寄李十二白二十韵

昔年有狂客,号尔谪仙人。笔落惊风雨,诗成泣鬼神。

声名从此大,汩没一朝伸。文采承殊渥,流传必绝伦。

龙舟移棹晚,兽锦夺袍新。白日来深殿,青云满后尘。

乞归优诏许,遇我宿心亲。未负幽栖志,兼全宠辱身。

剧谈怜野逸,嗜酒见天真。醉舞梁园夜,行歌泗水春。

才高心不展,道屈善无邻。处士祢衡俊,诸生原宪贫。

稻粱求未足,薏苡谤何频。五岭炎蒸地,三危放逐臣。

几年遭鹏鸟,独泣向麒麟。苏武先还汉,黄公岂事秦。

楚筵辞醴日,梁狱上书辰。已用当时法,谁将此义陈。

老吟秋月下,病起暮江滨。莫怪恩波隔,乘槎与问津。

　　宝应元年(762)七月,杜甫自成都送严武入朝,至绵州(今四川绵阳市),正值剑南兵马使徐知道作乱,于是转赴梓州(治所在今四川绵阳市三台县)。此时才获悉李白正在当涂养病,于是写了这首诗寄给他。

　　诗中写道:当年"四明狂客"贺知章称李白为谪仙人。李白的诗句让山河动容,从此名动京师,被玄宗召入朝廷任翰林。他那惊天地、泣鬼神的诗篇必将万古流传。

　　玄宗在龙船上召见他,为他推迟了行舟的时刻,他御前作诗,被皇帝赏赐了锦袍。后来玄宗经常召见李白,李白颇受宠信。后来他因受奸人诬陷而被赐金放还,途中与"我"相遇。李白既没有隐藏自己的远大志向,又能在受宠和被放逐的不同境遇中自保。

　　"我"与他相遇后,李白非常理解"我"的洒脱不羁,"我"也十分欣赏他的坦荡胸怀。我们夜里在梁园饮酒起舞,春季则在泗水边纵情吟唱。感叹李白才华超群却无用武之地,道德崇高却无人理解。就像东汉祢衡才智超群却没能做官,原宪一辈子读书却穷困失意。

李白投靠永王肯定是生活所迫,有人说他收了永王的重金,这实属造谣。但是他却因此被流放,长期漂泊。几年内屡遭祸患,心中必然悲伤。苏武最终会返回汉廷,夏黄公难道会为暴秦做事吗?遭受君主冷遇,李白也曾上书为自己辩护。

如果当时事理难明,就让李白服罪,那么现在谁又能将此事上报朝廷呢?到了晚年,李白犹自吟诗不辍,希望他早日康复,多作好诗。不要埋怨皇帝寡恩,"我"会努力上书,让朝廷了解事情的真相。

"乞归优诏许,遇我宿心亲。"这句诗如点睛之笔,一语道破杜甫对李白的感情。前句说李白向皇帝申请回归故里,皇帝很高兴地答应了并给以优厚的盘缠,这是什么情况?是皇帝不想留他,也不想重用他,而只想让他写诗作赋,这怎么能实现李白治国平天下的远大抱负呢?所以他乞求放归。杜甫下一句就笔锋一转,说两人这一相遇真是一见倾心啊,你的心只有"我"能懂,你的才华只有"我"能识,你的抱负只有"我"能解读。

杜甫对李白发自内心的爱戴和崇拜,对李白牵肠挂肚的担忧,渗透在字里行间,比李白对孟浩然"吾爱孟夫子,风流天下闻"更胜一筹。

杜甫的这首诗,是一篇讴歌李白才情并为之遭遇愤愤不平的传记或者檄文,他追述李白于开元十八年(730)和天宝元年(742)两入长安的经历,对李白的前半生做了高度的概括,同时对李白诗歌的艺术成就进行了热情的赞颂和恰如其分的总结。

六、与高适——"高公镇淮海,谈笑却妖氛"

高适(704—765),字达夫,沧州渤海蓨(今河北景县)人,唐朝时期大臣、边塞诗人,安东都护高侃之孙。

天宝八载(749),高适经张九皋推荐中有道科,授封丘县尉,不久后辞官。后得河西节度使哥舒翰赏识,担任掌书记。安史之乱后拜左拾遗,转监察御史,辅佐哥舒翰把守潼关。潼关失守后,高适奔赴行在,面见唐玄宗陈述实情。玄宗赞赏其敢于直言,任命他为侍御史,不久又升为谏议大夫。唐肃宗即位后,任命高适为淮南节度使,平永王李璘之乱,后又讨伐安史叛军,解睢阳之围。然而因其为官刚正,遭权宦李辅国诋毁,被贬为太子少詹事,历任彭、蜀二州刺史、剑南东川节度使。唐代宗广德二年(764),入为刑部侍郎、左散骑常侍,册封渤海县侯。

永泰元年(765)去世,时年六十二岁,被追赠礼部尚书,谥号为忠。高适与岑参、王昌龄、王之涣合称"边塞四诗人",著有《高常侍集》二十卷。

天宝三载(744),李白结识了高适,他们赋诗饮酒、邀约漫游,"醉眠秋共被,携手同日行",其关系深厚、感情真挚非同一般,世人共睹。后来,没有看清时局的李白加入永王的队伍,以为可以一展雄才大略,不料永王战败,他因附逆罪被关在狱中。想起身居要职的高适不会忘记曾经共同游历的友情,于是李白在狱中写了一首诗,让一名秀才给高适带去。

送张秀才谒高中丞(节选)

高公镇淮海,谈笑却妖氛。

采尔幕中画,戡难光殊勋。

我无燕霜感,玉石俱烧焚。

但洒一行泪,临歧竟何云。

诗意是,高适公镇守淮海,谈笑之间就扫除了乱象,皇上采纳你的谏言,很快便克除大难,你的功勋荣耀至极。"我"没有什么冤屈,也做好了玉石俱焚的准备,只不过流下清泪一行,走错了路没有什么好说的。

李白以为凭两人之间共有的诗酒情怀,高适必会伸手拉自己一把,却没料到,面对李白的求救高适选择了沉默。甚至当李白的妻子宗氏亲自来到高适府邸求见时,高适也选择避而不见。

那么,高适究竟是不是绝情之人?他有没有为李白出狱做过什么?有没有能力救出李白呢?

天宝六载(747),吏部尚书房琯被贬出朝,他的门客董庭兰也因此离开长安,董庭兰是高适的好朋友。冬日时分,高适与董庭兰在河南老家相遇,二人满腹愁绪,对坐饮酒,举杯消愁愁更愁,便通宵对饮,分别之际,他写下了充满豪情的《别董大》:

千里黄云白日曛,北风吹雁雪纷纷。

莫愁前路无知己,天下谁人不识君。

　　从这首诗,我们可以看出高适对落魄友人董大充满了关心,还不忘激励友人,以正能量送别董大,不是那种人走茶凉、落井下石的人。

　　告别董大之后,天宝八载(749),高适科举终于登上红榜,被授封丘县尉,九品官。小小官职不能满足高适的雄心大志,郁闷至极的高适选择了从军,这个决定不仅让他成为历史上著名的边塞诗人,还使他成为诗人群体中为官最高、仕途最顺的人。

　　李白入狱时,高适为淮南节度使,不得不说这是一个敏感的职位,安史之乱也是因节度使而起,而高适此时正是带兵平定永王之乱的人,正是他拘捕了李白。对于皇帝而言,背叛是最不可饶恕的罪行之一,无论是从高适的家庭出身还是从他一心奔赴的政治道路来看,他好像都不大可能冒着丧失自己政治前途的风险去救站错队的李白。救不成,反而把自己也搭进去,这不是高适所为。目前没有历史资料显示高适救过李白,按照世人理解的,高适当时选择了明哲保身。

　　但是,有一个历史巧合事件,我们不能不提及。就在李白入狱、高适因平定叛乱有功而被提拔重用不久,李辅国憎恨高适敢于直言,向皇上进谗言排挤高适,说他言语激进,扰乱军心,高适被贬为太子少詹事。此后不久,蜀中动乱,他出京任蜀州刺史。玄宗还京后,在梓、益二州各置一节度使,吏制烦冗,百姓疲敝,高适论及这种情况时说:"蜀地位置偏远,靠近险要之地,从国家角度来说,不可以用它来遏制敌人的势力,为什么要用很险要的弹丸小地,使整个蜀地的太平百姓受到困扰呢?"最终他的奏疏未被采纳。后来梓州副使段子璋造反,派兵攻打东川节度使李奂,高适率领本州兵马跟从西川节度使崔光远攻打段子璋并斩杀了他。代宗即位后,感怀他洞察事物十分准确,用黄门侍郎严武代替他,让高适回京任刑部侍郎,后转任散骑常侍,加封银青光禄大夫,进封渤海县侯,食邑七百户。

这一贬一升,恰赶在李白被关狱中、被流放继而遇大赦重获自由之时,被贬是不是因为在皇上面前为李白直言?被升是不是因为李白已经释放、此事已经不能成为君臣之间的隔阂?真相如何,不得而知,但时间上的巧合也让我们愿意相信,"梁园三人行"从来不曾分离,尽管高适和李白已经朝着各自的道路越走越远,相信曾经的友情已经在彼此的心中烙上时间的印章,永远不会消失。

七、与魏颢——"黄河若不断,白首长相思"

魏颢,原名魏万,尝居王屋山隐逸,号王屋山人,后改名魏颢,是另一位盛唐诗人李颀的晚辈朋友,上元元年(760)进士及第,是李白的忠实"粉丝"。他自言平生自负,人们都觉得他狂,就像司马相如欣赏蔺相如的为人,像王子猷雪夜访戴安道一样倾慕李白,认为李白平生行事、为人与自己颇为暗合。

魏颢为了一睹李白的风采,一路打听,千里追寻,李白在哪里,他就追到哪里。从王屋山出发,一路追到浙江天台山,可惜每次都是他刚到就被告知李白已经离开。魏颢跋涉三千里，历经半年，到达广陵，终于与李白相遇。

魏颢见到李白后，激动地奉上自己写的四十八韵长诗《金陵酬李翰林谪仙子》：

君抱碧海珠，我怀蓝田玉。各称希代宝，万里遥相烛。

长卿慕蔺久，子猷意已深。平生风云人，暗合江海心。

去秋忽乘兴，命驾来东土。谪仙游梁园，爱子在邹鲁。

二处一不见，拂衣向江东。五两挂海月，扁舟随长风。

南游吴越遍，高揖二千石。雪上天台山，春逢翰林伯。

宣父敬项橐，林宗重黄生。一长复一少，相看如弟兄。

惝然意不尽，更逐西南去。同舟入秦淮，建业龙盘处。

楚歌对吴酒，借问承恩初。宫买长门赋，天迎驷马车。

才高世难容，道废可推命。安石重携妓，子房空谢病。

金陵百万户，六代帝王都。虎石据西江，钟山临北湖。

二山信为美，王屋人相待。应为歧路多，不知岁寒在。

君游早晚还，勿久风尘间。此别未远别，秋期到仙山。

魏颢在诗中表达了对李白的倾慕之情，他对李白的行事风格大为赞赏，并称与李白"平生风云人，暗合江海心""一长复一少，相看如弟兄"。

在交通不发达的唐代，如此千里追随，其疯狂程度比之于今日追星族有过之而无不及。李白听到魏颢的诉说，深为感动，于是与这个年轻后生结为忘年交，他们在一起无话不谈，故魏颢知道了李白一些不为他人所知的事，也有了《李翰林集序》的真实素材。李白夸赞魏颢爱古好游、超凡出世，预言以后他必名扬天下，并对魏颢说："尔后必著大名于天下，无忘老夫与明月奴。"意思是说，你魏颢以后发达了，千万不要忘了"我"，还有"我"的孩子明月奴呀！这里提到的明月奴就是伯禽。

后来魏颢果然考中了进士，分别时李白一方面托付魏颢把自己的诗文编订成集，另一方面还专门撰写了一百二十韵的长诗《送王屋山人魏万还王屋（并序）》以赠别：

> 王屋山人魏万，云自嵩宋沿吴相访，数千里不遇。乘兴游台越，经永嘉，观谢公石门。后于广陵相见，美其爱文好古，浪迹方外，因述其行而赠是诗。

仙人东方生，浩荡弄云海。沛然乘天游，独往失所在。

魏侯继大名，本家聊摄城。卷舒入元化，迹与古贤并。

十三弄文史，挥笔如振绮。辩折田巴生，心齐鲁连子。

西涉清洛源，颇惊人世喧。采秀卧王屋，因窥洞天门。

揭来游嵩峰，羽客何双双。朝携月光子，暮宿玉女窗。

鬼谷上窈窕，龙潭下奔潈。东浮汴河水，访我三千里。

逸兴满吴云，飘飖浙江汜。挥手杭越间，樟亭望潮还。

涛卷海门石，云横天际山。白马走素车，雷奔骇心颜。

遥闻会稽美，且度耶溪水。万壑与千岩，峥嵘镜湖里。

秀色不可名，清辉满江城。人游月边去，舟在空中行。

此中久延伫，入剡寻王许。笑读曹娥碑，沉吟黄绢语。

天台连四明，日入向国清。五峰转月色，百里行松声。

灵溪咨沿越，华顶殊超忽。　石梁横青天，侧足履半月。

忽然思永嘉，不惮海路赊。　挂席历海峤，回瞻赤城霞。

赤城渐微没，孤屿前嶢兀。　水续万古流，亭空千霜月。

缙云川谷难，石门最可观。　瀑布挂北斗，莫穷此水端。

喷壁洒素雪，空蒙生昼寒。　却思恶溪去，宁惧恶溪恶。

咆哮七十滩，水石相喷薄。　路创李北海，岩开谢康乐。

松风和猿声，搜索连洞壑。　径出梅花桥，双溪纳归潮。

落帆金华岸，赤松若可招。　沈约八咏楼，城西孤岧峣，

岧峣四荒外，旷望群川会。　云卷天地开，波连浙西大。

乱流新安口，北指严光濑。　钓台碧云中，邈与苍岭对。

稍稍来吴都，裴回上姑苏。　烟绵横九疑，漭荡见五湖。

目极心更远，悲歌但长吁。　回桡楚江滨，挥策扬子津。

身著日本裘，昂藏出风尘。　五月造我语，知非伧偬人。

相逢乐无限，水石日在眼。　徒干五诸侯，不致百金产。

吾友扬子云，弦歌播清芬。　虽为江宁宰，好与山公群。

乘兴但一行，且知我爱君。　君来几何时，仙台应有期。

东窗绿玉树，定长三五枝。　至今天坛人，当笑尔归迟。

我苦惜远别，茫然使心悲。　黄河若不断，白首长相思。

诗中李白约好与魏颢一起修道成仙，分别时"我苦惜远别，茫然使心悲"，分别后"黄河若不断，白首长相思"，这种忘年交的感情是真挚的。事实证明，魏颢是李白值得托付的人，他也没有辜负李白的重托。

魏颢回到王屋山后，没有当即整理李白的诗集，他在《李

翰林集序》中写道:"经乱离,白章句荡尽。上元末,颢于绛偶然得之,沉吟累年,一字不下。"但魏颢始终没有忘记李白所托,"今日怀旧,援笔成序,首以赠颢作、颢酬白诗,不忘故人也。次以《大鹏赋》、古乐府诸篇,积薪而录。文有差互者两举之。白未绝笔,吾其再刊,付男平津子掌。其他事迹,存于后序"。

可惜的是,魏颢编辑整理的《李翰林集》早已散失,但值得庆幸的是其所作的《李翰林集序》流传了下来。由于这篇序为李白同时代人所写,因而具有较高的史料价值,是后世研究李白的重要文献,魏颢对此做出了巨大贡献。

八、与汪伦——"桃花潭水深千尺,不及汪伦送我情"

李白结交过不少大人物,也结交了很多小人物,有的人物连名字都没有,正是与这些小人物的交往,才让李白的身上更显出一种平民化的色彩。

唐天宝年间,泾县县令汪伦听说大诗人李白在安徽一带游历,便写信邀请李白到家中做客。信上说:"先生好游乎?此处有十里桃花。先生好饮乎?此处有万家酒店。"李白素好饮酒,又闻有如此美景,欣然应邀而至,却未见信中所言盛景。汪伦盛情款待,搬出用桃花潭水酿成的美酒与李白同饮,并笑着告诉李白:"桃花者,十里外潭水名也,并无十里桃花。万家者,开酒店的主人姓万,并非有万家酒店。"李白听后大笑不止,并不以为自己被愚弄,反而被汪伦的盛情感动,适逢春风桃李花开日,群山无处不飞红,加之潭水深碧,清澈晶莹,翠峦倒映,汪伦留李白连住数日,每日以美酒相待,别时送名马八匹、官锦十缎。李白在东园古渡乘舟欲往万村,走旱路去庐山,汪伦在古岸阁上设宴为李白饯行,并拍手踏脚,歌唱民间的《踏歌》相送。李白深深感激汪伦的盛意,并作《赠汪伦》诗一首:

> 李白乘舟将欲行,忽闻岸上踏歌声。
>
> 桃花潭水深千尺,不及汪伦送我情。

潭水深千尺不及汪伦对"我"的情谊之深,这句诗以李白特有的浪漫主义夸张手法,成了歌颂友情的名句,被后人广为传诵,"汪伦"这个名字也随之流传千古。据记载,到了宋代,汪伦的后代还保存着这首诗的真迹。借助李白的名人效应,汪伦及其后人也着实火了一把,不过也仅此而已。汪伦只是在李白游历山河的漫长岁月中遇到的一位友人,他的名字在那时那刻恰好被载入诗歌,成为李白几百个有据可查的友人之一。

我们今天再来看他跟汪伦的这种交往,可以感觉到李白跟普通人之间的平等友好关系,也能看出李白重情重义、滴水之恩铭记心田的真诚人性。

笔者曾专程到访泾县的桃花潭,当地村民一提到汪伦,感激之情溢于言表,纷纷告诉我们,如果当时没有汪伦邀请大诗人李白,天下谁知大山之中的桃花潭呀,今天能过上幸福的生活,都得感激汪伦和李白,看来著名的诗文也能促进当地经济的发展。

九、与漂母——"令人惭漂母，三谢不能餐"

李白在安徽铜陵漫游期间醉心山水，流连忘返，有一天天色已晚，他找不见回去的路，被困在了五松山。恰好看到山林中一处亮着光的房屋，他叩门借宿："家中可有人？能否借宿一晚？"一位老太太应声开门，得知李白的情况后赶紧请他进屋。进屋以后，李白发现家里很简陋，只有老太太一人。时逢安史之乱，李白猜测她的家人也许征兵而去，也许因为赋税过重已早亡。李白正慨叹不已，听得隔壁隐约传来打击声，老太太望着李白疑惑的眼神解释说："那是隔壁的姑娘在舂米。"李白闻言才感到自己肚子也饿了。善良的老太太非常体贴地给他做了菰米饭吃，还不好意思地说："农田里收不了多少粮食，只够糊口罢了。没有什么好招待官人的，您凑合着充饥吧。"

一个陌生的借宿客，竟然能让老太太如此厚待，李白游遍大江南北，品过世间美味，却独独被这一碗糙米饭给暖到了心田。他把食物一扫而光，天亮告别老太太时，留下了一首诗。

宿五松山下荀媪

我宿五松下，寂寥无所欢。

田家秋作苦，邻女夜舂寒。

跪进雕胡饭，月光明素盘。

令人惭漂母，三谢不能餐。

秦汉时期，大将军韩信在河边垂钓，饥饿之时，一位在河边洗衣的妇人赠予他一碗饭，后来韩信功成名就被封为楚王，又找到那老妇人，赠其千金，感谢一饭之恩。在诗中，李白将这山间菌媪比作曾对韩信有恩的漂母，足以证明他深受感动。

这首诗朴实无华，行文不见往日浪漫的诗风，通篇记录了最平常温情的画面，原来那个"安能摧眉折腰事权贵"的洒脱李白，那个"直挂云帆济沧海"的豪放李白，那个"天子呼来不上船，自称臣是酒中仙"的狂傲谪仙人李白，也会因为一碗菰米饭而感怀于心、触动于怀。

天宝九载（750）冬，李白在《秋日炼药院镆白发，赠元六兄林宗》诗中，再次提到漂母，"穷与鲍生贾，饥从漂母餐"，说明李白对漂母曾为他提供餐食的举动念念不忘。看来作为大诗人的李白，也和普通人一样，在生活最困难时，对别人给予的帮助永记心间。

十、与纪叟——"夜台无晓日，沽酒与何人？"

宣城地处皖南（今安徽省东南），唐代为宣州治所，历史悠久，风光秀丽，六朝以来文人荟萃。李白曾七游宣城，对这里的风土人情都有很深的感受。关于纪叟，《宁国府志》载："善酿酒，名老春。能礼贤士，常饮李白以酒，了无吝啬。"他是宣城著名的酿酒人，所酿的美酒闻名遐迩，李白一生嗜酒，屡次前往宣城，和酿酒师傅纪叟自然成了朋友。上元二年（761），再到宣城的李白得知纪叟去世，深深惋惜，悲痛不已，写了《哭宣城善酿纪叟》，怀念友人：

> 纪叟黄泉里，还应酿老春。
>
> 夜台无晓日，沽酒与何人？

李白痛苦地写道：纪老在黄泉应该还会重操旧业，继续酿制老春美酒吧！阴间漫漫长夜看不到拂晓的太阳，您老卖酒给何人呢？

前两句李白想象着去世后的纪叟在黄泉的生活，他可能换了一个酿酒的地方继续经营酒坊，像活着时那样，这样的描述更让人感到悲切，虽死犹生，寄托着诗人满满的怀念和不舍之情。后两句发问，你虽然继续酿造美酒，可惜你"我"阴阳相隔，让"我"怎么喝到你的酒呢？伤感之情越发强烈。

一个酿酒人，一个饮酒人，以酒为媒介，成为知音，如今生离死别，李白发出如此悲痛的感叹，可见两人感情之深厚，也足可见李白的善良真诚。

他的豪爽、洒脱、随性让他可以和文人墨客推心置腹，推杯换盏；他的玉璞般纯真的心让他可以与市井百姓心灵相通，以酒会友。这也就是李白能仗剑走天涯、朋友遍天下，并拥有超凡脱俗人生的原因。

第六章　千金散尽还复来

李白没有稳定的工作,也没有固定的收入,他不仅整日游山玩水,而且出手阔绰,挥金如土,他的钱是从哪里来的呢?支持他漫游天下的经济基础是什么?

据他自己说,在扬州不到一年,就散金三十万,有落魄公子,悉皆济之。意思是救济落魄公子,花了三十万钱。这三十万钱从哪里来? 是李白从家中所带,还是李白有别的收入?

一、江油经营收入

李阳冰曾在《草堂集序》中提到李白祖上累世为官,后来因罪被迫迁居西域。那么到了李白的父亲李客这一辈的时候,李家是干什么的呢?

郭沫若认为李白父亲李客是一名富商,他在《李白与杜甫》一书中写道:李白家中排行十二,足见他的同族兄弟很多,他的父亲李客由中亚碎叶迁徙入蜀，是拖着一大家子人的。李客必然是一位富商，不然他不能带着那么多人做长途羁旅。他入蜀以后，把李白养成了一个漫游成癖、挥霍任性、游手好闲、重义好施的人，也足以证明他是一个商人地主。

碎叶城在今天的吉尔吉斯斯坦境内，但是在唐代，它是西部边境的一座城市，也是古代丝绸之路上的重要枢纽，因此，这里有十分重要的营商机会。李白的父亲李客，可能就是常年在这座城市里经商，而且还积攒了丰厚的家产。

郭老此说虽然只是一种推断，但细想起来也有一定道理。首先，在一千多年以前，没有飞机、火车、汽车等交通工具，只能靠人背马运，全家十几口人，再加上大大小小的家当，长途搬迁需要大量的盘缠。李客带着一大家子人和家当，千里迢迢从吉尔吉斯斯坦来到四川，如果只是平常人家，如何能够承担得起这一路上的开销呢？不管李白的父亲是不是富商，可以肯定的是，他们一家财力雄厚。

再者，李白在诗文中自称"五岁诵六甲，十岁观百家""十五观奇书"，说明李白从小接受的教育，所能接触到的文化资源是很不错的，而这也是需要有不错的家庭经济条件才能支撑；李白从小就"好剑术，喜任侠"，这同样需要丰厚的家底支持；李白"又昔与逸人东严子隐于岷山之阳，白巢居数年，不迹城市。养奇禽千计。呼皆就掌取食，了无惊猜"。这些钱又从哪里来的？

725 年，李白从四川出发开始游历天下。这个时候李白身上是带着一笔钱的。这笔钱有多少呢？李白在《上安州裴长史书》中说："曩昔东游维扬，不逾一年，散金三十余万，有落魄公子，悉皆济之。"虽然三十万可能是个虚数，但是李白身上带的钱肯定不少，不然他如何能接济其他的落魄公子呢？

那么，李白这笔钱从哪儿来呢？725年，李白才二十五岁，在此之前他不是看书就是玩，这笔钱的来源只有一个可能，那就是李白父亲李客的资助。

从前面的分析可知，李白居住的绵州地区盛产铁和盐。因为他是道教徒，在他的诗里总写到炼丹，如"炼丹费火石，采药穷山川"，所以许多专家学者研究认为，李白的父亲可能从事冶炼方面的手工业，并且有一定的生产规模，雇工也不少，他们家因贩卖盐铁等相关产品而发家致富。富足的家庭，可观的收入，养成了李白豪放不拘小节的性格，致使他视金钱如粪土，携带数十万钱仗剑去国，辞亲远游。故李白在扬州花的这三十万钱应该是从家里带出来的。

另外，李白在《万愤词投魏郎中》一诗中提到"兄九江兮弟三峡，悲羽化之难齐"，意思是兄长在九江啊，贤弟在三峡，我不能生翅成仙去与他们相聚。据此，郭沫若做了大胆的推断，他认为李白像他的父亲一样，是一位成功的商人，而且他的哥哥在九江，弟弟在三峡，他们把故乡巴蜀的特产运送到吴楚之地贩卖，再把吴楚的产物运送到巴蜀牟取暴利。

只不过，平日里李白没有把大量的时间和精力用在生意上，而是用在了喝酒、作诗和旅游上。至于他的旅游经费，除了他的父亲李客提供之外，他的兄弟也会资助他一部分。

二、两次入赘陪嫁

虽然家里有钱，但也经不起李白如此"挥霍"，仅仅过了三年，李白从家里带出来的钱就花得差不多了。727年，李白在《赠从兄襄阳少府皓》中写道："一朝乌裘敝，百镒黄金空。"家里带来的钱花完了，李白还有什么经济来源呢？那接下来就要说李白第二个收入来源——入赘许家、宗家，两任妻子的陪嫁。

727年，李白在安陆寿山和许圉师的孙女结婚。许圉师是唐代谯国公许绍少子，做过唐朝的宰相，许家是当时的显赫世家。到李白成婚之时，许圉师虽然已经故去，但是官宦世家的家底还在。对于这段婚姻，李白曾经在《上安州裴长史书》中写道："许相公家见招，妻以孙女，便憩迹于此，至移三霜焉。"也就是说，李白是许相公为自己的孙女招上门来的夫婿，并且他已在许家生活了很多年。

成婚之后，在这种家庭氛围下，许氏学了一手好绘画，她非但没有嫌弃入赘的李白，反而非常欣赏李白的才华。在从727年至740年的十三年间，李白经常在外游山玩水，吟诗作乐，许氏不仅没有断了他的经济来源，还给他提供了莫大的支持，给他生了一对儿女。否则，就没有"三百六十日，日日醉如泥"这样的诗句了。

740年，李白的第一任妻子许夫人离世，李白和许家的关系就发生了变化。许氏离世之后，李白可能带着孩子搬出了许家。这样的日子过了一段时间后，李白又迎来一次美满的婚姻。

李白的继室同样出身于宰相之家，是前宰相宗楚客的孙女宗煜。套用现在的话，宗小姐是李白的"粉丝"，不仅花巨资买下李白题诗《梁园吟》的墙壁，还让李白入赘宗家。

宗楚客给宗家积累了丰厚的财富，一面墙壁就能花费千金，家底有多厚也就可想而知了。李白又有了新的经济来源，可以继续漫游名山大川、寻找政治机遇了。

婚后宗氏与李白的感情非常好，她除了照顾李白的生活起居外，还能给李白提供游山玩水的经费，甚至在安史之乱时，李白因参加永王李璘幕府而被朝廷监禁，宗家也是花费巨资不遗余力地营救他。

三、要好朋友接济

除掉家庭和婚姻带来的财富，李白还有一项重要的收入来源便是朋友的接济。盛唐时期，文化上百花齐放，涌现出了很多杰出的诗人，李白更是巨星级别的诗人，自然也有不少"粉丝"会给自己的偶像"打赏"。

李白有很多有钱的朋友，他生活困顿时就去找朋友接济。道士元丹丘就是他的好朋友之一，元丹丘不仅是位有名的道士，而且在全国许多地方都有产业。河南嵩山、京都长安都有他的别业。元丹丘好几次邀请李白跟他一起漫游。李白在

《题元丹丘颖阳居》序中写道："元丹丘家于颖阳,新卜别业。"
就是说元丹丘在颖阳这个地方,新盖了一幢别墅,请李白去。
还有一次,元丹丘邀请李白全家到他们家的庄园去住。

李白的诗中还有一个好朋友,叫元参军。元参军邀请李
白到太原,跟他一起游玩。李白在《忆旧游寄谯郡元参军》中
说:"琼杯绮食青玉案,使我醉饱无归心。"他在太原待得特别
舒服,一待就是大半年,日日锦衣玉食,酩酊大醉。

朋友中最出名的就是汪伦了。前面我们说到李白在汪伦
家连住数日,临别之时,汪伦送了他八匹名马和十缎官锦。这
名马和官锦在当时值多少钱呢?据后人考证,这些估计能买
四五百石米,等于七品官员五六年的官禄。

除此之外,李白还有一些好朋友,比如孟浩然、王昌龄、郭
子仪、宰相李林甫的女儿李腾空、日本僧人晁衡等,他们在经
济上或多或少都支持过李白。

四、天子放还赐金

《松窗杂录》中记载:玄宗与玉环共赏牡丹,帝曰:"赏名
花,对妃子,焉用旧乐词为!"于是找到了醉酒的李白,李白在
半醉半醒之间写下了"云想衣裳花想容,春风拂槛露华浓"的
诗句,玄宗龙心大悦,赏金百两、锦百缎。天宝三载(744),李
白因饮酒误事、常言"温室树"被迫离开了长安,临走时,唐玄
宗给了他一大笔赏钱,具体给了多少并没有具体的数字。天
宝初年,正逢开元盛世,人民富足,国库充盈,唐玄宗应该给的

是比较多的，也够李白花上一阵子的。贺知章年事已高，申请回老家养老，唐玄宗就赐给他一个湖。

五、永王璘的聘金

安史之乱爆发后，李白携夫人宗氏隐居庐山，永王璘派心腹韦子春三次请李白下山，并给了他五百金。后来，永王璘兵败被杀，政治嗅觉迟钝的李白跌了跟头，李白也因作《永王东巡歌》十一首被投入浔阳监狱，流放夜郎遇赦后，他还写了一首诗《经乱离后天恩流夜郎忆旧游书怀赠江夏韦太守良宰》，其中，"徒赐五百金，弃之若浮烟"两句表明了自己的无奈和被迫参军的情形。

六、酬赠诗文稿费

李白还有一笔收入，跟他自己的才能有关系，那就是稿酬。李白在当时已经是名震寰宇的大诗人。他诗写得好，文章也写得好，应景的文字就写得多了。李阳冰在《草堂集序》中记载，李白平生所创作的诗文十丧其九，现在留下来的，已不到一千篇。这些诗文给他带来不少馈赠，有些是物品，有些是金钱。我们也能从他的诗题上看出来，如《酬张司马赠墨》，别人给他送的墨，肯定不是一小块，估计是批量的、高质量的。

唐代有一个风气，就是通过写诗写文获得润笔。

这里列举两个中唐时期的例子。有个人叫皇甫湜，他是复姓。皇甫湜是当时的洛阳留守裴度的属官。裴度修建了一座寺庙,想给寺庙立一座碑,求在长安的白居易写个碑文。皇甫湜知道了以后非常愤怒,说:"近舍湜而远取居易,请从此辞。"知道"我"皇甫湜在这个地方,隔那么老远去求白居易给你写,"我"要辞官。裴度向他道歉,说行,知道你能写,你给咱们写。皇甫湜喝了一斗酒,喝得醉醺醺的,提起笔来就写,一会儿就写完了。"度赠以车马缯彩甚厚",裴度给他车,给他马,给他一些绢帛,结果这个人又大怒:"自吾为《顾况集序》,未常许人。今碑字三千,字三缣,何遇我薄邪?"说"我"自从给诗人顾况写过集序之后,从来没答应给别人写东西。现在"我"给你写了三千字,每个字才三缣。缣是什么意思呢?就是给他的布帛、绢帛的单位。每个字才值这么点钱,不多给点,这简直就是明着要。裴度笑曰:"不羁之才也。"没有跟他计较。

白居易在洛阳居住的时候,给香山寺捐了一笔钱,这笔钱就来自润笔。

白居易的好朋友元稹,与其齐名,诗也写得特别好。元稹去世后,他的妻子拜托白居易给他写墓志铭。写完之后,元稹的家人赠送给白居易大量的绢帛、舆马、银鞍、玉带等,这些东西粗略计算值六七十万钱。这说明,在唐朝,白居易写一篇墓志铭,收入就有六七十万钱,这就是他的身价。白居易收到这笔钱后,把钱都捐给了香山寺。寺庙修好后,他还专门写了一篇文章《修香山寺记》,记录这件事情的整个过程。

李白的名气比白居易大得多,虽然他自己没说收了多少稿费,但是我们也能想象这笔收入应该挺丰厚的。

李白在他现存的诗歌中,有不少应邀撰写碑文、颂赞的记录。比如在《赠黄山胡公求白鹇》中,李白写道:"请以双白璧,买君双白鹇……胡公能辍赠,笼寄野人还。"再如,《酬殷明佐见赠五云裘歌》云:"故人赠我我不违,著令山水含清晖。顿惊谢康乐,诗兴生我衣。"这些都可以说明李白曾通过写作获得了朋友们的馈赠,这也是支撑他游山交友的经费来源。

除此之外,还有一种推测,李白的剑术很高超,曾经开过"武馆",教授徒弟们剑术,也许从中收取了一定的学费。

七、"追星族"的景仰

李白名气大,"粉丝"也多。当时有一个仰慕者叫任华,他总是追李白的行踪。李白到一个地方,他就追到那里,但总是遇不到。后来他写了一篇《寄李白》,其中有这么两句:"邂逅不得见君面。每常把酒,向东望良久。"来了又找不着你。握着酒杯,朝东边望,想着什么时候才能见着你。

任华非常仰慕李白,他印象中的李白是怎样的一个人?"平生傲岸,其志常不可测",不知道李白的志向有多大。"数十年为客,未尝一日低颜色",这么多年了,从不卑躬屈膝,始终都很高傲。

唐朝时期有个极富之人名叫王元宝,唐玄宗曾对他说:"我作为天子就是最高贵的了,你作为商人就是最富有的,富可敌国。"王元宝当时很喜欢跟文人交往。许多新考中的进

士、知名文人，经常在他家里饮酒作诗，得他接济。李白也在
王元宝邀请之列，估计王元宝也馈赠了李白不少钱财。

更有趣的是，当时在中都有一位小官，我们甚至都不知道
他的名字。他拿了美酒和鱼，专门追着请李白享用。美酒的
颜色像琥珀一样，非常漂亮，他自己抓的鱼，浑身散发着紫色
的光芒，李白喝了人家的酒，吃了人家的鱼后，作《酬中都小吏
携斗酒双鱼于逆旅见赠》一诗：

> 鲁酒若琥珀，汶鱼紫锦鳞。
>
> 山东豪吏有俊气，手携此物赠远人。
>
> 意气相倾两相顾，斗酒双鱼表情素。
>
> 双鳃呀呷鳍鬣张，拨剌银盘欲飞去。
>
> 呼儿拂几霜刃挥，红肌花落白雪霏。
>
> 为君下箸一餐饱，醉著金鞍上马归。

"呼儿拂几霜刃挥"一句是形容吃鱼的过程。"为君下箸
一餐饱"一句，则是说因为你情意深重，"我"把你的饭全吃完
了，酒全喝光了，然后醉醺醺地上马，回"我"的家。

当时，一般的民众对李白都有一种仰慕之情。他们喜欢
李白，因为李白的诗他们爱读。我们可以从现存的诗歌中看
到，李白在流放夜郎途中写了许多赠诗。如《流夜郎永华寺寄
浔阳群官》《流夜郎赠辛判官》等。在流放途中，他无论走到哪
个地方，都有人请他吃饭。

其实当时很多诗人都是这样。比如杜甫说自己"自七岁
所缀诗笔，向四十载矣"，就是说他写诗文到现在已经四十年

了，"常寄食于人"，经常在别人家里吃饭，又说自己"卖药都市，寄食友朋"。高适也说自己靠着朋友的资助生活。

唐文宗时期有一个宰相叫王播，他年轻的时候一文不名，就老去扬州惠昭寺吃饭，因为那里的饭是免费的。和尚讨厌他，就提前开饭。等到钟一响他到了，和尚已经吃完了，这是很辛酸的一个故事。后来他发达了，做了宰相。再回到那里的时候，发现他题在墙上的诗已经被人用绿色的薄纱遮了起来，就是像文物一样被保护起来了。他很感慨，写道："二十年前此院游，木兰花发院新修。如今再到经行处，老树无花僧白头。"他并没有埋怨这些人，但也说明当时的读书人其实蛮不容易的。

八、同族人的赞助

李白同族人也曾给予他无私的赞助。

如前文所述，李白在《万愤词投魏郎中》中有"恋高堂而掩泣，泪血地而成泥""兄九江兮弟三峡，悲羽化之难齐"。李白在狱中因想念高堂（抑或是其中一位）而悲泣，另外感叹兄弟一个在九江，一个在三峡，难以聚在一起。这说明李白同胞兄弟不少于两个，父母有人照料，这也让李白远离父母前去湖北安家落户成为可能。郭沫若据此认为，李白的兄弟占据了长江物流的垄断地位牟取暴利。所以，按照他的说法，李白慷慨好施的钱有兄弟给的赞助。

李白的族叔、从弟在山东做官的很多，他在山东居住十几年，又没有其他收入来源，主要靠这些同族人的赞助维持生活。他漫游宣州、襄阳、洞庭、南京等地，也是其族弟李皓、李昭，族叔李华等给他提供资金来源。

在这里有必要提一下一个特殊的人，那就是李阳冰，李白的族叔。李白晚年穷困潦倒，生活不尽如人意，是他这位族叔收留了他，让他在自己家里住了下来。

李白也有穷困潦倒的时候，诗文道："黄金逐手快意尽，昨日破产今朝贫。""五花马，千金裘，呼儿将出换美酒，与尔同销万古愁。"但他从来都不是金钱的奴隶，而是金钱的主人。

简而言之，经常游山玩水的李白是不缺钱花的，他能做到"千金散尽还复来"，主要还是因为有一定的收入来源。这些收入有的是家庭支持，有的是皇家赏赐，还有的是朋友馈赠，只可惜，到了晚年，他变得穷困潦倒，需要妻子和朋友接济才能勉强度日。不管怎么说，没有固定收入的李白依然活出了自己的新高度。

第七章 以人为镜汲教训

李白是唐代最伟大的浪漫主义诗人,他的诗文成就迄今为止仍是无法超越的一座高峰。李白的诗歌早已融入中华民族的血脉之中,成为中华优秀传统文化的代表。

但李白的一生是悲哀的,其性格特征是有严重缺陷的。他树立的目标高远但不切实际,一心入仕却未曾参加科考,笑傲儒生又欲尊儒求官,个性张扬又平交朋友,举杯消愁愁更愁,千金散尽终未复来,渴望修道成仙,六十二岁又病逝当涂。

撰写本书就是希望从品读中获得启迪。那么,通过品读李白,我们发现他的人生有什么缺陷呢?在今后的工作生活中,我们需要注意哪些问题呢?

下面从六个方面加以分析。

一、对形势的误判

天宝三载（744）三月，四十四岁的李白被唐玄宗赐金放还，离开京都的李白想要实现政治抱负的雄心并没有泯灭，在漫游大好河山的同时继续寻找政治机遇。他至东鲁，至越中，至金陵，其间都没有找到从政入仕的机会。

天宝十载（751），五十一岁的李白在梁园与宗楚客的孙女宗氏结婚，具有远大政治抱负的李白并没有沉湎于儿女情长，而是以梁园为中心继续寻找适合自己的发展道路。

他在漫游大江南北之际，一方面为自己遭谗被逐而愤懑，一方面表现出对统治者的蔑视、鄙夷。赐金放还后，他远离朝廷、浪迹五湖的思想有了进一步发展，但是他又顽强地期望着再被任用以施宏愿。这在《书情题蔡舍人雄》一诗中表现得淋漓尽致，诗中自言他有"暂因苍生起，谈笑安黎元"的政治才能，也有"一朝去京国，十载客梁园"的无奈，更有"白璧竟何辜？青蝇遂成冤"的愤慨，同时也增添了"闲时田亩中，搔背牧鸡鹅"的归隐想法。但报效国家的愿望始终都没有泯灭，"千里一回首，万里一长歌"，更想做的是"余亦爱此人，丹霄冀飞翻"，期待在政治上有所作为。

书情题蔡舍人雄

尝高谢太傅，携妓东山门。楚舞醉碧云，吴歌断清猿。

暂因苍生起，谈笑安黎元。余亦爱此人，丹霄冀飞翻。

遭逢圣明主，敢进兴亡言。白璧竟何辜？青蝇遂成冤。

一朝去京国，十载客梁园。猛犬吠九关，杀人愤精魂。

皇穹雪冤枉，白日开昏氛。太阶得夔龙，桃李满中原。

倒海索明月，凌山采芳荪。愧无横草功，虚负雨露恩。

迹谢云台阁，心随天马辕。夫子王佐才，而今复谁论？

层飙振六翮，不日思腾骞。我纵五湖棹，烟涛恣崩奔。

梦钓子陵湍，英风缅犹存。徒希客星隐，弱植不足援。

千里一回首，万里一长歌。黄鹤不复来，清风奈愁何！

舟浮潇湘月，山倒洞庭波。投泪笑古人，临濠得天和。

闲时田亩中，搔背牧鸡鹅。别离解相访，应在武陵多。

天宝十一载（752），李白来到了燕赵之地邯郸，在这里他登上洪波台观看军队操练，兴奋地写下了《登邯郸洪波台置酒观发兵》一诗：

> 我把两赤羽，来游燕赵间。
>
> 天狼正可射，感激无时闲。
>
> 观兵洪波台，倚剑望玉关。
>
> 请缨不系越，且向燕然山。
>
> 风引龙虎旗，歌钟昔追攀。
>
> 击筑落高月，投壶破愁颜。
>
> 遥知百战胜，定扫鬼方还。

此诗具有浓厚的浪漫主义色彩，李白借助丰富的想象，生动曲折地表达了对黑暗现实的不满和对理想光明的憧憬，以

187

此抒发自己北上抗敌、报效国家的壮志豪情。

李白北上漫游不是去游玩，而是有明确的目的。从《登邯郸洪波台置酒观发兵》里可以看出，他要去参军，想要在军队里一展身手。这年十月，李白抵达幽州，来到了安禄山的军营，安禄山陪他观看了骑兵飞马奔驰、弯弓射箭的情景后，他写下了乐府诗《行行且游猎篇》：

> 边城儿，生年不读一字书，但知游猎夸轻趫。
>
> 胡马秋肥宜白草，骑来蹑影何矜骄。
>
> 金鞭拂云挥鸣鞘，半酣呼鹰出远郊。
>
> 弓弯满月不虚发，双鸧迸落连飞髇。
>
> 海边观者皆辟易，猛气英风振沙碛。
>
> 儒生不及游侠人，白首下帷复何益！

他慨叹自己饱读诗书，倒不如一字不识的边城游侠，他们可以用自己精湛的武艺保家卫国，抵御外侮。李白也借此表明自己要像边城的士兵一样，追逐自己报效国家的梦想。李白深知敌我双方交战是以命相搏，激战后定会血流成河，他在《幽州胡马客歌》中描写了汉军征服匈奴战争的惨烈和悲壮："旄头四光芒，争战若蜂攒。白刃洒赤血，流沙为之丹。"雪白的锋刃上流洒着赤红的鲜血，连茫茫的流沙都被染红。"名将古谁是，疲兵良可叹"，李白关注的不是"一将功成万骨枯"的名将，而是那些被战争机器摧残的疲惫的士兵和因为战争而动荡、民不聊生的社会。尽管汉匈之间的战事已经久远，但幽燕胡儿蠢蠢欲动、杀气腾腾，看来另一场严酷的杀戮在所难免。一旦战争再起,社会一定会再次陷入无休止的动荡之中,所以李白在该诗的结尾处说"何时天狼灭,父子得闲安",既表现出他对可能发生叛乱的极大厌恶和对平叛的期望,同时也向朝廷和世人发出强烈的战争预警信号。

李白在安禄山军营里待了一段时间后,发现安禄山秣马厉兵,磨刀霍霍,谋反之心昭然若揭,便登黄金台痛哭不止,他在《北风行》中通过描写一个北方妇女对丈夫战死的悲愤,揭露和抨击了安禄山在北方制造民族纠纷,挑起战祸的罪行。在《远别离》诗中,借古老的传说,暗讽时政军国大事,意在说明人君失权的后果,暗指把政事交给李林甫、杨国忠,边防交给安禄山,必然导致内乱。

天宝十二载(753),李白怀着沮丧的心情离开了安禄山的军营南下,过魏州贵乡(今河北邯郸市大名县东北),又转道游汾州(治所在今山西汾阳市),后回到梁园与宗氏短暂团聚,接着又从梁园经曹南南下宣城。第二年漫游金陵、扬州,继续寻找政治机遇。

天宝十四载(755)十一月,安史之乱爆发,李白携夫人宗氏自梁园经洛阳西上华山,数月后,又从华山南下,过当涂,抵宣城,又往越中,过溧阳,至杭州。天宝十五载(756)秋,与宗夫人隐于庐山屏风叠。李白在此期间写下了许多诗文,在诗中一方面表达对安禄山的痛恨,另一方面也表达了自己为国出力、平定叛乱的强烈愿望。安史之乱爆发后,李白预测天下形势会大变,春秋战国的时代即将到来,他想到了战国四君子,想到了西汉的张良,想到了在大匡山学到的纵横术,认为自己施展安社稷、济苍生宏伟抱负的机会终于到来了。

天宝十五载(756)六月十五日,唐玄宗在逃亡成都的路途中将太子李亨留下,以图恢复北方。七月十五日,他在宰相房琯的建议下发布分制置诏。由于唐玄宗在登基之初就规定皇子们在成年之前不得离开京城,待成年后,才能到他们的封地去,故盛王李琦、丰王李珙因年幼,并没有到封地任职,而是跟随玄宗一起去了成都。太子李亨、永王李璘,分别按分制置诏赴任。唐玄宗的诏书刚刚发出,唐王朝内部的政权斗争就暗暗开始了。

唐玄宗的分制置诏是七月十五日发出来的,但太子李亨已经于七月十二日在灵武宣布继位,改天宝为至德,尊唐玄宗为太上皇。

由于李亨在宁夏,唐玄宗远在成都,这个重大变故直到八月十二日才传到成都。当时的唐玄宗经过综合考量,为避免内战,一致对外,只好认可。

八月十八日,唐玄宗派他的心腹大臣韦见素、房琯、崔涣三人将传国玉玺交给了李亨,正式将皇位传给了他。

作为李亨弟弟的永王李璘,已按照唐玄宗的分制置诏从成都到达江夏,开始招兵买马、筹措军备。

太子李亨和唐玄宗之间的较量是暗自进行的,隐居在庐山的李白并不知情,太子成为皇帝、皇帝成为太上皇,李白没有得到任何消息。此时,在他脑海里萦绕着的是天下已大乱,

"天将降大任于是人也"。

唐肃宗至德元年(756)冬,永王李璘率水军至浔阳,派心腹韦子春携五百金三次聘请李白下山入幕。

韦子春何许人也?

韦子春,曾官秘书省著作郎,天宝八载(749)被贬为端溪尉,后为永王璘谋主之一,奉命来庐山游说李白入永王璘军队。韦子春三次游说后,李白动心了,于是他写下了《赠韦秘书子春》二首。

其一

谷口郑子真,躬耕在岩石。高名动京师,天下皆籍籍。
斯人竟不起,云卧从所适。苟无济代心,独善亦何益。
惟君家世者,偃息逢休明。谈天信浩荡,说剑纷纵横。
谢公不徒然,起来为苍生。秘书何寂寂,无乃羁豪英。
且复归碧山,安能恋金阙。旧宅樵渔地,蓬蒿已应没。
却顾女几峰,胡颜见云月。

其二

徒为风尘苦,一官已白须。气同万里合,访我来琼都。
披云睹青天,扪虱话良图。留侯将绮里,出处未云殊。
终与安社稷,功成去五湖。

《赠韦秘书子春》二首用叙事的方式,一层一层展开,其本质就是说明"我"有安邦定国的能力,从中可以清楚看到李白入永王幕的动机——"终与安社稷",就是要实现自己远大的政治抱负。

　　组诗前段表述贤者不应终生高隐，而宜度时济世，已显露出同意应征入伍，"苟无济代心，独善亦何益"，大丈夫活在天地间，不能碌碌无为，一定要为天下苍生干出一番大事业；中段言韦子春昔年弃官归隐事，也是在不得已的形势下而为之，从而表达了对韦子春遭遇的同情，同时也向韦子春隐约表达自己的遭遇与此经历相同，由此拉近与韦子春的距离；后段表明了山的目的，言韦子春来庐山访己共议天下大事，一如留侯之访商山四皓，吾将起济苍生，功成而身退。

　　韦子春的三次劝说终于奏效，李白最后下定决心，答应下山入幕，决定在永王璘军队中跃马弯弓，大展身手，临行前他作《别内赴征》三首辞别妻子宗氏。

　　第一首李白满怀信心地说："王命三征去未还，明朝离别出吴关。白玉高楼看不见，相思须上望夫山。"向妻子说明，永王璘已经派人请了"我"三次，明天"我"就要随他们下山去平叛了。然后李白和妻子开玩笑说，"我"走后你若思念我了，就登上望夫山眺望一下吧。

　　第二首紧扣第一首主题，李白向妻子说明下山参军的决定后，经过家族重大变故的宗氏，做出了"出门妻子强牵衣"的举动。一个"强"字，可以想象宗氏双手抓住丈夫的衣襟向后拉的动作之大，她向丈夫反复分析利害，一再强调现在形势不明朗，不要下山去。但一心盼望实现远大政治抱负的丈夫，怎么能听进去这样的规劝呢？宗氏只好怀揣日夜的担心，"问我西行几日归"，盼望丈夫早日凯旋。李白再次给妻子开了一句玩笑:"归时倘佩黄金印,莫学苏秦不下机。""我"下次回来如果佩了相印,做了大官,你可别学苏秦他们家人呀！苏秦,春秋时期纵横家,饱读诗书,游说诸侯国求取功名。几年过去,没有求到一官半职,回到家里以后,妻子织布不下织机,嫂子不给他做饭,父母不跟他说话,苏秦觉得世态炎凉,以至于此。后来苏秦功成名就,家人顿时态度大变,跪迎叩拜。

此时永王璘和太子的关系发生了根本变化,安史之乱爆发后,自己的哥哥成了皇帝,兄弟关系变成君臣关系,这突如其来的重大变故,一时让永王璘很难适应。是继续执行太上皇的分制置诏,还是执行新皇帝唐肃宗的诏令呢？

天宝十五载(756)七月,李璘离开成都,到江南来负责整个长江流域的军政事务,七月到达湖北襄阳,九月到达江夏,史书记载:永王璘"召募士将数万人,恣情补署,江淮租赋,山积于江陵,破用巨亿"。意思是说,永王璘到达江陵后三个月就招兵数万人,收敛钱财以亿计。

新皇帝李亨绝对不能容忍李璘有如此强大的军事力量,于是他颁下诏令,让李璘离开军队回到成都侍奉太上皇,但李璘拒绝了。

李亨认为,当今情势下,除安禄山、史思明的军队对其构成威胁外,对他威胁最大的就是他的弟弟李璘了。一场兄弟之间的战争即将爆发。而此时对于李璘的思想动向及皇族内部的政治斗争,李白是毫不知情的。情报不准,做出的判断也是不准确的,正因为对形势判断错误,所以他还在以极大的激情创作"永王东巡歌"。

　　李白基于爱国热情,采用浪漫主义手法,写下了《永王东巡歌》十一首,这组热情洋溢地赞颂永王李璘"功绩"、抒发自己"远大抱负"的七言绝句,为他日后入狱埋下了伏笔。

其一

永王正月东出师,天子遥分龙虎旗。

楼船一举风波静,江汉翻为雁鹜池。

其二

三川北虏乱如麻,四海南奔似永嘉。

但用东山谢安石,为君谈笑静胡沙。

其三

雷鼓嘈嘈喧武昌,云旗猎猎过寻阳。

秋毫不犯三吴悦,春日遥看五色光。

其四

龙盘虎踞帝王州,帝子金陵访古丘。

春风试暖昭阳殿,明月还过鳷鹊楼。

其五

二帝巡游俱未回,五陵松柏使人哀。

诸侯不救河南地,更喜贤王远道来。

其六

丹阳北固是吴关,画出楼台云水间。

千岩烽火连沧海,两岸旌旗绕碧山。

其七

王出三江按五湖,楼船跨海次扬都。

战舰森森罗虎士,征帆一一引龙驹。

其八

长风挂席势难回,海动山倾古月摧。

君看帝子浮江日,何似龙骧出峡来。

其九

祖龙浮海不成桥,汉武寻阳空射蛟。

我王楼舰轻秦汉,却似文皇欲渡辽。

其十

帝宠贤王入楚关,扫清江汉始应还。

初从云梦开朱邸,更取金陵作小山。

其十一

试借君王玉马鞭,指挥戎虏坐琼筵。

南风一扫胡尘静,西入长安到日边。

第一首写正月永王璘奉天子之命出师东巡,绘有龙虎的旗子到达一处,该地就呈现出和平景象,长江和汉水之间及其附近的广大地域反而成为游乐之地。这说明永王璘的军队是正义之师,所到之处和平安定,人民安居乐业,一切形势都会发生根本转变。

第二首诗说他自己,关键军队里有"我"。"三川北虏乱如麻,四海南奔似永嘉。"现在的局面很乱,像东晋南渡以后南北朝的时候那么乱。"但用东山谢安石，为君谈笑静胡沙。"庆幸的是你找"我"下山了，"我"就是现在的谢安，谈笑之间就把一切都搞定了。李白自谓在国家大难当头时，希望像谢安一样从容镇定地破敌除患。

第三首从诗里的描述看，军队已经过了浔阳，到了现在的江西省境内。这首诗称赞永王璘的军队纪律严明，军容威武，声势浩大，一路东进，势如破竹。

第四首想象永王璘军队一到金陵，就会给金陵百姓带去温暖和光明。

第五首描写李璘的军队一到达扬州，就来攻取安禄山所在地。言社稷临危，君臣束手，唯有永王璘挥师东来。

第六首言永王的军队已经到达镇江，镇江是当时的一个粮草集散地，也是运河上的一个战略枢纽。

第七首写军队可能要跨海北征，直接从海路去攻打幽州。赞扬永王璘麾下威武的水师。

第八首诗把永王比作当年讨伐东吴的西晋将军王濬，描写永王水师以长风破浪之势，动海倾山。

第九首把永王比成唐太宗，而且超过了秦皇、汉武，比拟得不伦不类，和其他十首也不协调，可能是永王璘幕府中人所增，为永王璘添了一条有意争夺帝位的罪状，这是严重犯忌的。

第十首写永王奉天子之命，保卫疆土，涉及地域很广。入楚关，扫清江汉，从云梦到金陵。这是夸张之辞，实际上永王璘的军事势力未到金陵。

第十一首写了希望永王能赋予自己军事指挥权,认为自己能像张良、诸葛亮、谢安等人那样,运筹帷幄,决胜千里,使得反叛胡人心悦诚服,听从调遣,彻底肃清叛乱,然后给朝廷一个完美的交代。

他在十一首组诗中表现出的爱祖国、爱人民的热情和对和平的向往是积极的,是值得肯定的。他对永王璘的政治走向不了解,是客观的,以他的身份和阅历,不可能对此做出正确的判断。组诗第二首及最后一首表现出他想做谢安、诸葛亮那样的儒将,运筹帷幄,从容应敌,决胜千里,是不现实的,甚至是幼稚的。这种思想在他的很多诗篇里都有表现。他一直希望能像范蠡那样功成不居,泛舟五湖;像鲁仲连那样功成不取,意轻千金。这些抱负虽然不可能实现,但成就了他豪迈的浪漫主义诗风和撼山动地、脍炙人口的诗篇。组诗中某些地方的夸张和想象不符合史实,一是属于鼓励性质,二是属于夸张手法,是符合文学创作原则的。

李白的歌颂、幕僚的怂恿,加上儿子李偒刚愎劝说取金陵,然后引舟东下,使永王璘失去理智,意欲占据江东。《新唐书》记载:"肃宗闻之,诏璘还觐上皇于蜀,璘不从。"至德元年(756)十二月,永王璘组织五千甲士,以浑惟明、季广琛、高仙琦三人为大将,声势浩大,直奔广陵,擅自率领水军东巡。

吴郡太守、江南东路采访使李希言得到永王璘东巡报告后,立即写信询问其擅自发兵东下的意图。永王璘大怒,于是就分兵派遣部将浑惟明在吴郡袭击李希言,派季广琛在广陵袭击广陵长史、淮南采访使李成式。永王璘亲自率兵进攻当涂,此时李希言已屯兵丹阳,派遣部将元景曜与丹徒太守阎敬之率兵抵挡,李成式也派部将李承庆率军迎击。这一场交战,阎敬之兵败被杀,元景曜、李承庆投降,一时间江淮地区局势大变,兄弟间的正面厮杀就此展开。

唐肃宗召高适与他一同商讨计策,高适陈说江东的形势,并分析永王璘必败。同年十二月,唐肃宗任命高适为淮南节度使,管辖广陵等十二郡,又任命来瑱为淮南西道节度使,管辖汝南等五郡,让他们与江东节度使韦陟联手共同对付永王璘。

至德二年(757)二月二十日,李成式部将裴茂到达瓜步洲后,广树旗帜,大阅士兵。永王璘父子登上城墙远望,面有惧色。季广琛知事情不能成功,对诸将说:"我与诸公跟随永王难道想反叛朝廷吗?现在这样,让我等成为叛逆,我们的后代怎么办呢?不如归顺朝廷吧?"众人同意,便割臂为盟。当日,永王璘手下的几员大将纷纷离他而去。

当夜,李铣列阵于江北,夜燃火把,人持两炬,影乱水中,以迷惑永王璘。观测者以双倍相告,永王璘军也举火把相应。永王璘怀疑朝廷兵马已渡江,带着儿女和部下匆忙逃走。天亮后发现有诈,再进城备好舟楫,让李偒驱众直奔晋陵。然而遭人告密,李成式率兵追击,招募敢死勇士赵侃、库狄岫、赵连城等共二十人,到新丰后,永王璘使李偒、高仙琦迎击。李铣与李成式此时合成阵势,张左右翼,射中李侤肩部,李侤军败。高仙琦与永王璘奔往鄱阳,鄱阳司马闭城不纳。李璘大怒,烧毁城门进去,取库里兵器,夺取余干城,后南逃岭外。江西采访使皇甫侁追上他,与之战于大庾岭,永王璘中箭被擒,皇甫侁将他杀死。李侤也被乱兵所杀。

永王璘未败时,太上皇发出诰文:"降李璘为庶人,谪迁于房陵。"李璘死后,皇甫侁送其妻子到蜀地,太上皇伤悼很久。唐肃宗因李璘是自己抚养的,没有宣布他的罪行,并对左右说:"皇甫侁生擒我弟,不送往蜀地而擅自杀掉,是何道理?"从此不再用他。

永王璘兵败被杀后,手下的谋士、兵将逃散的逃散,被杀的被杀,流放的流放。李白也趁混乱之机逃到了彭泽,却被士兵抓住,投到了浔阳监狱,李白两个多月的军旅生涯就此画上了句号。

他最大的罪行就是参与了永王璘的叛乱,这个罪行起因就是其对政治形势的错判。那么,李白错判形势的原因是什么呢?笔者认为有五点值得深思。

一是误把盛世比战国。李白十七八岁时,在四川的绵州跟着赵蕤学习纵横术,纵横术的主要内容就是苏秦、张仪等这些战国时代的纵横家的游说之术,其核心是弘扬法家的王霸之道,实现方式是往来驰骋于诸侯之间进行游说,让诸侯王采用自己的政治主张。纵横术符合李白的个性,对其有很大的吸引力。

赵蕤在他撰写的《长短经》一书中列举了一些纵横家，如姜太公、苏秦、张仪、汉高祖、张良、韩信、诸葛亮等，几乎全都是乱世英雄。

然而，《长短经》中纵横术的应用背景与开元、天宝年间的现实不大吻合。开元、天宝时期是大唐盛世，太平世界不可能允许纵横术的出现。而正是在开元盛世时，李白把纵横术学到了手，等待几十年无用武之地。

安史之乱爆发，李白加入了永王李璘的军队后，认为终于可以把学到的纵横术派上用场了。他把"安史之乱"比喻成"颇似楚汉时，翻覆无定止"。大家都知道，楚汉相争，是没有所谓正义的一方和非正义的一方的，但安史之乱明显有正义的一方。

二是误把自己当诸葛。韦子春上庐山请了他三次，李白脑海里又浮现出了诸葛亮的形象。诸葛亮是被刘备三顾茅庐请出山的，恰巧，韦子春与刘备请诸葛亮出山的次数相同，于是李白在诗中道："当其南阳时，陇亩躬自耕。鱼水三顾合，风云四海生。"所以，李白恍惚之间觉得自己就是诸葛亮了。李白把历史的那种想象、观念，套搬到现实中，以纵横家的心态来看待安史之乱，介入安史之乱，解读安史之乱，这就是他高估自己的悲剧。

三是误以侠士能治乱。李白一辈子都认为自己是个侠客，他平时的打扮也很像个侠客。"金羁络骏马，锦带横龙泉"，出外漫游总是背负一把宝剑，他的好友崔宗之作诗描写他"袖有匕首剑,怀中茂陵书。双眸光照人,词赋凌相如"。李白曾经专门到东鲁地区学习剑术,他在诗中写道:"顾余不及仕,学剑来山东。"

魏颢在《李翰林集序》里叙述李白"少任侠,手刃数人",他自己也在诗里写"笑尽一杯酒,杀人都市中",又说"托身白刃里,杀人红尘中""十步杀一人,千里不留行""杀人如剪草,剧孟同游遨"。

因此,李白认为自己犹如一名侠客。侠客和纵横家有一个共同的特点,就是追求人格的平等,这种追求又跟李白的理想特别契合。他进入永王璘军营后,以为凭自己高超的剑术,一定会在战场上大展剑客雄风。但两个多月未见一名叛军,最后在高适的强力围攻下,永王璘的军队土崩瓦解,李白只好逃命,高超的剑术也没有派上用场。唐朝的剑客无非在表达一种情绪,是一种对理想主义、英雄主义的追想罢了。

四是误把战争当儿戏。战争是残酷的,"一将功成万骨枯""古来征战几人回"等就是对战争的真实写照。李白在《永王东巡歌》十一首中写到"楼船一举风波静,江汉翻为雁鹜池""但用东山谢安石,为君谈笑静胡沙",意思是永王璘的大军一到,就把安史叛军吓坏了,谈笑之间就把叛军消灭了。

五是误把作乱当建功。从天宝三载(744)被赐金放还到加入永王璘军队,一心想在政治上有所建树的李白已经等待了十一年,他也从中年进入了老年。十一年的追寻,漫长的岁月,让李白感到行路难,难于上青天。安史之乱的爆发,让五十六岁的李白终于等来了一次重要的机会,在韦子春的三次游说下,建功心切的李白不顾妻子宗氏的强烈反对,毅然下了山。误判政治形势的李白,此时只知道永王璘也是唐玄宗的儿子,带领一支平定安史之乱的军队,所以他在《永王东巡歌》十一首中盛赞李璘的军旗飘扬处,胡兵纷纷自逃散,把李璘比作唐太宗,胜过秦皇、汉武,这是犯了严重错误的。最后,李白也没有佩带上所期望的黄金相印,以犯上作乱的罪名被投入浔阳监狱。

李白对形势的误判给我们的启示是,要以清醒的头脑面对错综复杂的政治形势,透过现象看本质,辨析正义与非正义,冷静观察,严谨思考,沉着应对。

二、对能力的高估

"笔落惊风雨,诗成泣鬼神""白也诗无敌,飘然思不群""白与古人争长,三字九言,鬼出神入""李杜文章在,光焰万丈长",李白的诗文成就,至今是一座奇峰、一座高峰,无法超越。

李白素怀大志,理想高远,那么他治国安邦的政治才能究竟如何呢?

(一)听李白自己说

1."大鹏一日同风起,扶摇直上九万里"

唐玄宗开元七年(719)至九年(721)前后,李邕任渝州刺史。李白漫游渝州谒见李邕时,因为不拘俗礼,且谈论间放言高论,致使李邕不悦。李白在临别时写下了《上李邕》一诗。

诗中李白自喻大鹏,以此向世人表明自己惊世骇俗的理想和志趣,"大鹏一日同风起,扶摇直上九万里。假令风歇时下来,犹能簸却沧溟水"。

这是李白第一次表明自己的政治抱负:有直冲青云之志向。

2."申管、晏之谈,谋帝王之术。奋其智能,愿为辅弼"

开元十五年(727),李白以安陆为中心四处漫游,受到孟少府的指责,李白将寿山人格化,以游戏的口吻,写下了《代寿山答孟少府移文书》,申述了自己的高远理想:

> 乃相与卷其丹书,匣其瑶琴,申管、晏之谈,谋帝王之术。奋其智能,愿为辅弼,使寰区大定,海县清一。事君之道成,荣亲之义毕,然后与陶朱、留侯,浮五湖,戏沧洲,不足为难矣。

这是李白第一次完整描述自己的人生蓝图,他给设计了一条独特而又堪称完美的人生理想路径。这种远大抱负来自他对自己才能的高度自信,他要凭自己"申管、晏之谈,谋帝王之术。奋其智能,愿为辅弼"的政治才干做一番惊天动地的大事业,然后再像西汉的商山四皓、张良那样功成身退,飘然归隐。

李白给自己制定的目标不可谓不大,理想不可谓不高。但这种高远的人生追求,是唐代知识分子梦寐以求的终极理想。

这种李白式的人生设计,充满了理想主义的色彩,虽然在唐代已不可能实现，却永远闪耀着青春的光芒，千百年来令无数读者为之动容。

3."大丈夫必有四方之志。"

开元二十二年（734），李白写下了《上安州裴长史书》一文，向裴长史表明自己"以为士生则桑弧蓬矢，射乎四方，故知大丈夫必有四方之志。乃仗剑去国，辞亲远游"，坦陈自己出蜀远游的目的在于寻求政治出路。对照他在《别匡山》中的诗句"莫怪无心恋清境，已将书剑许明时"，李白的宏伟志愿一目了然，他的一切活动，都是为了达到这一目的，所以不惜向地方官吏"剖心析肝"，陈述自己的志向和经历。

4."虽长不满七尺，而心雄万夫"

开元二十二年（734），李白在漫游荆州时，了解到荆州长史韩朝宗乐于奖掖后进，喜欢推荐有才之士，便写了这封求荐信。李白在《与韩荆州书》中称自己就是当代的毛遂，"虽长不满七尺，而心雄万夫"，"请日试万言，倚马可待"。

李白告诉韩荆州："我"个子不算太高，不过七尺，但志气雄壮，胜于万人。假如以日写万言试"我"，"我"将手不停挥，顷刻可就。

5."如逢渭水猎，犹可帝王师"

李白晚年时很是推崇西汉时期商山四皓的济世之心和佐君之功，所以他对如四皓似的老者钱少阳也极为推崇，甚至在《赠潘侍御论钱少阳》诗中称钱少阳是"眉如松雪齐四皓"。在《赠钱征君少阳》诗中云："白玉一杯酒，绿杨三月时。春风余几日,两鬓各成丝。秉烛唯须饮,投竿也未迟。如逢渭水猎,犹可帝王师。"表明自己如能遇到文王,也可以成为帝师。

据考证,李白赠诗时钱少阳已八十余岁,故用吕尚的典故。吕尚,姜姓,吕氏,名望,字子牙,西周初年官太师(武官名)。辅佐武王灭商有功,封于齐,尊称姜太公。有姜太公钓鱼,愿者上钩之说。吕尚钓于渭水上游的磻溪,适逢周文王前来打猎,遂同车而归,文王封其为帝师。

李白还有很多表达自己具有政治才能的句子,这里不再赘述,总之,他认为自己是治国安邦的旷世之才。

(二)看看官员的评说

1."若广之以学,可以相如比肩也"

开元八年(720),年仅二十岁的李白离开居住了十余年的剑南道彰明县清廉乡(今四川江油市青莲乡),来到了成都,拜谒益州刺史苏颋,希望凭借自己的诗文获得赏识,进而得到推荐去做官,这种方式被称为"干谒"。这是唐代文人公认的行为,将自己的得意之作呈给官场前辈,希望代为扬名。

苏颋看了李白呈上的《明堂赋》《大猎赋》等作品后的确比较欣赏,并夸赞道:"此子天才英丽,下笔不休,虽风力未成,且见专车之骨。若广之以学,可以相如比肩也。"苏颋的意思是,若李白继续加以学习,将来可以与汉朝的文学家司马相如比肩。

苏颋只是赏识李白的诗文,并没有夸赞他的政治才能,也没有推荐其走上仕途之路。

2．"真乃谪仙人也"

天宝元年（742）的一天，时任太子宾客的贺知章读完《蜀道难》后，惊讶地对李白说："你就是天上下凡的诗仙呀！"随后，贺知章向皇帝推荐了李白，后来皇帝任命李白为翰林待诏。

贺知章与李白在玄宗朝共事一年多时间，也只是夸赞李白的诗文风格飘逸俊秀，并没有在诗文中提及他的政治才干。

3．"许中书舍人，以张垍谗逐，游海岱间"

天宝十二载（753），魏颢离开王屋山寻访李白，经梁园、东鲁，再沿李白漫游之踪迹辗转江东、吴越，行程数千里，于次年五月始得于广陵与李白相见，遂成忘年交。

魏颢在《李翰林集序》中这样描写李白：

> 上皇豫游，召白，白时为贵门邀饮。比至，半醉，令制出师诏，不草而成。许中书舍人，以张垍谗逐，游海岱间。年五十余，尚无禄位。

魏颢的这段文字，应该是李白亲口叙述的，撰写"出师诏"这项工作对李白来说应该没有问题，倚马可成；至于唐玄宗欲任命李白为"中书舍人"，史书上没有记载。从唐朝翰林待诏的具体工作任务"娱乐作诗文"来看，起草"出师诏"不在翰林供奉的职责范围之内，魏颢也没在序文中描写李白的政治才能。

4．"问以国政，潜草诏诰，人无知者"

宝应元年（762）十一月，宣州当涂县令李阳冰在《草堂集序》一文中记述李白刚入长安时的情景：唐玄宗看到李白，便"降辇步迎，如见绮、皓"，然后"以七宝床赐食，御手调羹以饭之"。赐餐后，唐玄宗对李白说："卿是布衣，名为朕知，非素蓄道义，何以及此？"根据李白的才华，将其"置于金銮殿，出入翰林中，问以国政，潜草诏诰，人无知者"。

又记述，李白因才能出众，备受皇帝重用，故受人妒忌，"丑正同列，害能成谤，格言不入，帝用疏之"。

唐玄宗初见李白的故事，是李白在生活困顿、投靠李阳冰时亲口告诉他的，后来的史书中关于李白这段光鲜故事的记录，也是根据李阳冰的《草堂集序》撰写的。下面对李阳冰的这段描写进行分析。

皇帝下台阶迎接、亲自调羹，只是李白的一人之言，李阳冰又不在场，李白说什么，李阳冰记录什么，唐玄宗这些不寻常的热情举动，是值得怀疑的；另外，唐玄宗询问其治国方略、暗地里安排李白起草诏书等也不是翰林待诏的职责，李白接着又说"潜草诏诰，人无知者"，这些都是不可能发生的事。皇帝的一举一动、一言一行都有史官如实记录，怎么可能会有"潜草诏诰，人无知者"呢？这无非是李白为了抬高自己的政治才能的自夸之言，让后代认为他确有"申管、晏之谈，谋帝王之术"的本领。

但魏颢、李阳冰都叙述李白被赐金放还是有人从中"谤"言，这件事应该是真实的。

（三）看实践的检验

1.入翰林待诏的检验

唐玄宗能够开创开元盛世,除了他自己有高超的驾驭全局的能力外,还有独到的识人、用人、发挥各类人才作用的眼光、胸怀和胆略。进入长安一年多来,李白除了写歌词就是饮酒,醉酒后还透露宫廷秘密,唐玄宗通过对李白的观察和实践考验,得出了李白就是一个诗人、一个文人,根本没有治国安邦政治才干的结论,最后唐玄宗按对待文人的和蔼态度把他赐金放还,让他离开皇宫,漫游大唐大好河山去创作诗词,去描绘开元盛世。

2.入永王璘军队的检验

李白进入永王璘的军营后,写出了《永王东巡歌》十一首,用夸张的手法,把打赢一场战争描绘成举手之劳。他又把自己比作谢安,"但用东山谢安石",放言假如永王璘重用自己,挥手之间就可"为君谈笑静胡沙""南风一扫胡尘静,西入长安到日边"。

李白进入永王璘幕府两个多月,除了写诗歌颂永王璘外,还在军营里饮酒击节、观赏歌舞,没有看到他运筹帷幄,也没有看到他给永王璘提出任何战略建议。假如李白真有政治才干,能洞察国内形势,分清正义与非正义的话,他完全可以建议永王璘在接到唐肃宗的诏令后打着"勤王"的旗号,带领军队一路向北,与唐肃宗的军队汇合,然后集中优势兵力歼灭安史叛军,季广琛都看清局势了,李白、韦子春却没想到。若真如此,永王璘也不会被杀,李白也不会被投入浔阳监狱了。

(四)孤傲的性格、强烈的批判精神为李白入仕失败埋下了伏笔

李邕与苏颋一样,不仅是官僚,而且出身文学世家。李邕的父李善就是著名的古文注释家,李邕本人也才华横溢,还在武则天时期任过左拾遗、殿中侍御史等职务,官风甚好。如此一位有地位、有名望、有家世的人物,初出茅庐的李白竟敢点着名字教训,就算李邕再看重其才华,也绝对不会把他引入官场惹祸。结果,李白转了一圈又一圈,一无所获,只能在黄河、长江流域游山玩水,饮酒发泄,朝着"诗仙之路"迅跑。

李白在《乐府杂曲·鼓吹曲辞·雉子班》中写道:"乍向草中耿介死,不求黄金笼下生。"表明自己宁可在草丛中死得光明磊落,也不愿意在黄金笼子里苟且偷生。他还说"手持一枝菊,调笑二千石","我"拿着一枝菊花,根本就没有把那些千石俸禄的高官放在眼里。

唐朝社会是秩序化的、纲常化的社会,在选官的标准上非常注重官员的品德,李白那种"安能摧眉折腰事权贵,使我不得开心颜"的作风,一定会令他在入仕的道路上到处碰壁。他在漫游中不断寻找政治机遇,不仅那些喜爱奖掖后进的各级官员没有推荐他,就连他的族叔、族爷也没有推荐他入仕。这一方面是因为李白对低级职务不屑一顾,另一方面因为他缺少必备的政治才干,还有一点就是谁也不愿意推荐、接纳一个不会搞团结、只会搞分裂的人进入自己的圈子,李邕不会、孟少府不会、裴长史不会，韩荆州也不会推荐。因此，在人们的印象中，李白就是一名典型的只会写诗的诗人。

李白一生不以功名显露，却高自期许，以布衣之身藐视权贵，肆无忌惮地嘲笑以政治权力为中心的等级秩序，批判腐败的政治现象，以大胆反抗的姿态，推进了盛唐文化中的英雄主义精神。李白反权贵的思想意识，是随着他生活实践的丰富而日益自觉和成熟起来的。在早期，主要表现为"不屈己，不干人""平交王侯"的平等要求，正如他在诗中所说："昔在长安醉花柳，五侯七贵同杯酒。气岸遥凌豪士前，风流肯落他人后。"（《流夜郎赠辛判官》）"揄扬九重万乘主，谑浪赤墀青琐贤。"（《玉壶吟》）他有时也发出轻蔑权贵的豪语，如"黄金白璧买歌笑，一醉累月轻王侯"（《忆旧游寄谯郡元参军》）等，但主要还是表现内心的高傲。而随着对高层权力集团实际情况的了解，他进一步揭示了布衣和权贵的对立："珠玉买歌笑，糟糠养贤才。"（《古风·其十五》）"梧桐巢燕雀，枳棘栖鸳鸾。"（《古风·其三十九》）。他还对因谄事帝王而窃据权位者的丑态极尽嘲讽之能事，如"大车扬飞尘，亭午暗阡陌。中贵多黄金，连云开甲宅。路逢斗鸡者，冠盖何辉赫。鼻息干虹霓，行人皆怵惕。世无洗耳翁，谁知尧与跖！"（《古风·其二十四》）而在《梦游天姥吟留别》中，他发出了最强音："安能摧眉折腰事权贵，使我不得开心颜！"

在天宝末年日益恶化的政治形势下，李白又把反权贵和广泛的社会批判联系起来。如在《答王十二寒夜独酌有怀》，他既为屈死的贤士仗义抗争,也表达了对朝廷的失望和轻蔑:"君不见李北海,英风豪气今何在?君不见裴尚书,土坟三尺蒿棘居。少年早欲五湖去,见此弥将钟鼎疏。"在《书情赠蔡舍人雄》《古风·其五十一》《登高丘而望远》等诗中,他甚至借古讽今,对玄宗本人进行了尖锐的斥责。总之,可以说他把唐诗中反权贵的主题发挥得淋漓尽致。任华说李白"数十年为客,未尝一日低颜色"(《寄李白》),这种在权贵面前毫不屈服、为维护自我尊严而勇于反抗的意识,是魏晋以来重视个人价值和重气骨传统的重要体现。

盛唐时期学子积极入仕的人生态度,在李白的身上被理想化了:他虽然有着强烈的济苍生、安社稷的儒家思想,但又看不起"白发死章句"的儒生,也不愿走科举入仕之道。无论是信儒、信道,还是遵守纵横、任侠思想,李白一生最强烈的愿望,就是求得功名,扬名立世。为达目的,他忙碌了一生,然而"长风破浪会有时,直挂云帆济沧海"的宏伟愿望终究没有实现,这也成了他一生的遗憾。

综观李白的一生,他始终都怀有强烈的功名思想,从他的众多诗文中都可见到儒家积极入世的进取精神。孟子曰:"达则兼济天下,穷则独善其身。"这句话把儒家的入世思想与道家的出世思想有机地融合在一起,这也成了封建时代众多知识分子的处世准则,李白也不例外。

李白的人生理想就是先"兼济"而后"独善",先"入世"而后"出世""功成身退",李白的"出世"仍然是为了"入世"。

在盛唐诗人中,李白素称是受道家影响最深的代表诗人,特别是道家的美学思想,对李白有着重要影响。而李白的政治思想基本上是儒家的大同思想,是王道仁政和道家无为思想的结合体。

他的政治理想其实和杜甫差不多,就是"致吾君于尧舜"。以儒为主,以道为辅,儒道结合,兼蓄百家,融为一体的思想体系,便是李白的思想特色,因为有了这种复杂的思想糅合,于是我们便见到了"仰天大笑出门去,我辈岂是蓬蒿人"的洒脱,又看到了"蜀道之难,难于上青天"的无奈。

从李白对自己能力的高估中,我们能得到什么启示呢?追求美好,实现理想,是每个人都想得到的结果。正确认识自己是一个人进步的基础,在制定目标时,务必要结合实际,根据自己的能力和本领,以能否完全实现作为先决条件,实施的时候既要高瞻远瞩又要脚踏实地,既要遵循规律又要创新办法,既要稳步推进又要不失时机地实现突破,以此坚持下去就会到达理想的彼岸。

三、对宫闱的失言

李白四十二岁时进入长安,做了翰林待诏,许多人认为凭李白的诗文才华,唐玄宗应该授予其一官半职,但就是这么一个名满天下的大诗人却没有得到重用,仅在朝廷待了一年半左右的时间就被赐金放还,确实让人扼腕叹息。

唐朝之后的很多文人骚客都为李白的遭遇打抱不平,并积极寻找陷害李白的人。究竟谁应该为李白离开京都买单？是唐玄宗,还是高力士、李林甫？是杨玉环、杨国忠、安禄山,还是另有他人？又是什么原因让李白离开长安呢？

下面逐一加以分析。

(一)杨国忠

李白被赐金放还时,杨国忠正在四川为生活问题而奔忙,此时的杨国忠没有机会向唐玄宗进谗言。

(二)安禄山

当时安禄山四十二岁,还是平卢节度使,远远没有达到羽翼丰满的程度,不可能陷害李白。

(三)李林甫

唐玄宗一手开创的开元盛世到天宝元年(742)已经近三十年了,而李林甫到这一年担任宰相刚满八年。

李林甫(683—753),小字哥奴,祖籍陇西,唐朝宗室、宰相,长平王李叔良曾孙。他是唐玄宗时期著名的奸相,擅长音律,会机变,善钻研,口蜜腹剑。他的政治权术已经到了登峰造极的地步。不仅一般人为之心惊,即便老奸巨猾者也望而生畏。生性狂傲的李白,无疑也会成为李林甫进谗的对象。事实果真如此吗？

据史料记载,李林甫这个人有三个主要特点。一是当面说好话,背后说坏话。嘴上说的时候,就跟抹了蜜一样,但肚子里头全都是坏水,专门陷害忠义的大臣。二是大权独揽,堵塞言论。不准其他官员发表不同意见,他把从唐太宗以来君王向大臣征求意见，大臣给皇帝无所顾忌地提意见的优良政治传统给彻底断绝了。三是嫉贤妒能，不选一人。他作为宰相，非但不向唐玄宗推荐人才，反而阻碍人才的选拔。担任宰相十几年，不向朝廷推荐一人，他曾对唐玄宗说：世间的人才都被我们选拔尽了，全国再无人才可选。李白只是个翰林待诏，根本威胁不到李林甫的地位，他没有陷害李白的必要，史书上也没记载。

李林甫这么一个人，唐玄宗还重用他，而且重用了十几年，直到他死亡。有人会说十几年也不长，其实看看玄宗朝的宰相任职年限就清楚了。唐玄宗重用过很多宰相，任期都不长，比如姚崇、宋璟、张九龄等人，任期就是三四年，没有六七年的，唯独李林甫，在宰相位上干了十九年。关键是李林甫有一个最大的特点——听话，皇上怎么说，他就怎么做。

安史之乱时，唐玄宗在成都曾与给事中裴士淹谈论宰相。提到当时被肃宗委以平叛重任的房琯时，他说道："房琯平定不了叛乱。如果姚崇尚在，叛乱早就平定了。宋璟则是沽名卖直之人。"而后又对所有宰相进行点评。当提到李林甫时，玄宗道："李林甫妒贤嫉能，无人能比。"裴士淹趁机说道："陛下既然知道，为什么还要让他当这么久的宰相呢？"玄宗默然不语。

《旧唐书》评价道："开元任姚崇、宋璟而治，幸林甫、国忠而乱，与夫齐桓任管仲、隰朋，幸竖刁、易牙，亦何异哉！"

（四）高力士

《旧唐书·李白传》记载："尝沉醉殿上，引足令高力士脱靴,由是斥去。"意思是说,李白曾经大醉在金殿上,伸出脚来命令高力士给其脱靴,因此被斥责离开长安。

《新唐书·李白传》记载得更为生动:"白尝侍帝,醉,使高力士脱靴。力士素贵,耻之,擿其诗以激杨贵妃,帝欲官白,妃辄沮止。"意思是说,李白曾陪玄宗皇帝饮酒,醉了,让高力士替他脱鞋。高力士认为自己一向高贵,把替李白脱鞋当作最大的耻辱,于是揪住李白诗中的细枝末节来激怒杨贵妃。玄宗皇帝想让李白当官,杨贵妃就出言阻止。

《唐才子传·李白》记载得更具体:"尝大醉,上前草诏,使高力士脱靴,力士耻之,摘其《清平调》中飞燕事,以激怒贵妃,帝每欲与官,妃辄沮之。"李白经常醉酒,玄宗让其拟诏,他遂令高力士给他脱靴。高力士以此为耻,摘其《清平调》中"可怜飞燕倚新妆"一句告知杨贵妃这是在侮辱她,此后玄宗每次想授李白官职时,都被杨贵妃阻止。

另外,在很多传说、传奇、小说和戏剧里面,都写到高力士给李白脱靴,由此对李白产生怨恨,和杨贵妃一道阻止唐玄宗授予李白官职,然后李白被赐金放还。

这个传说故事最早出自三本书。

第一本是唐代李肇撰写的《唐国史补》。李肇,曾任翰林学士,生卒年月不详,贞元后期历华州参军。元和二年至五年(807—810)为江西观察从事,七年(812)任协律郎,十三年(818)以监察御史充翰林学士,十四年(819)加右补阙,十五年(820)加司勋员外郎,出翰林院。长庆元年(821)因为与李景

215

俭等于史馆饮酒,醉骂宰相而被贬澧州刺史。长庆中历著作郎、左司郎中,撰《唐国史补》。大和初迁中书舍人,三年(829)因为曾经荐举柏耆,贬将作少监,卒于开成元年前。

李肇撰写的《唐国史补》,系续刘悚《传记》(实即《隋唐嘉话》)而作,全书共记三百零八条事,卷首有目录,以五字标题概括每条内容。《唐国史补》编辑成书于长庆年间(821—824),记事起自开元,终至长庆,共百余年事,为补史志之阙,故名。内容为唐代社会风俗、政界传闻、人物事迹、文学掌故等,十分广泛,其中官吏、名人的轶闻,如韩愈登华山、高力士脱靴等,这一类所占比例最大。

《唐国史补》看似对唐代正史做了一些补充,但从它记录的内容看,存在一些与事实不相符合的事件,这非但没有起到补充正史的作用,反而多了一些干扰。

《唐国史补》是这样描述高力士脱靴之事的:

> 李白在翰林多沉饮。玄宗令撰乐词,醉不可待,以水沃之,白稍能动,索笔一挥十数章,文不加点。后对御,引足令高力士脱靴,上命小阉排出之。

这段文字的意思是:李白在翰林院经常醉酒。一天,唐玄宗命李白撰写歌词,李白醉酒不能应对,玄宗就命人用水浇他,他才稍稍清醒,这种情况下,他拿起笔来一挥而就,一气呵成,写了十数篇,不加涂改。后来唐玄宗赐宴,李白将脚伸到高力士面前,令高力士给他脱靴子,唐玄宗见状很生气,命宦官将李白赶了出去。

第二本是唐代段成式撰写的《酉阳杂俎》。段成式(803—863)，字柯古。临淄(今山东淄博市临淄区北)人，唐代著名志怪小说家，其父段文昌，曾任宰相，封邹平郡公，工诗，有文名。段成式所撰《酉阳杂俎》为笔记小说集，该作品有前集20卷，续集10卷。这本书的性质，据作者自序，"固役不耻者，抑志怪小说之书也"。所记有仙佛鬼怪、人事、动物、植物、酒食、寺庙等等，分类编录，一些内容属志怪传奇类，另一些记载各地与异域的珍异之物，与西晋张华的《博物志》相类。

《酉阳杂俎》叙述高力士脱靴的原文为：

> 李白名播海内，玄宗于便殿召见，神气高朗，轩轩然若霞举。上不觉亡万乘之尊，因命纳履。白遂展足与高力士，曰："去靴。"力士失势，遽为脱之。

这段话把李白的器宇轩昂描写得淋漓尽致，连大唐天子玄宗皇帝都为之倾倒。就是这段话让历代文人墨客欣羡不已，反复引用，说李白风流傲岸、平交王侯。但段成式却像现在很多小说、文章的作者一样，在最后加上了一段"神补刀"内容，一下子赋予了这个故事戏剧性的结局："及出，上指白谓力士曰：'此人固穷相。'"李白让高力士脱靴的壮举，被玄宗皇帝一句"此人固穷相"泼了一盆冷水，读到这最后一句，都不会再争相传颂前面叙述李白风流傲岸的诗句了。

第三本是晚唐李濬所写的《松窗杂录》。李濬，无锡(今江苏无锡)人，生卒年月不详。乾符四年(877)，自秘书省校书郎入直史馆，六年(879)春乞假归无锡，撰《慧山寺家山记》，又撰

《松窗杂录》。李濬儿时即历闻公卿间叙国朝故事,次兼多语其遗事特异者,取其必实之迹,暇曰缀成一小轴,题曰《松窗杂录》。

《松窗杂录》在描写高力士脱靴故事情节时又进了一步,有了高力士以脱靴为耻,摘取李白诗句趁机说李白坏话之事:

> 上曰:"赏名花,对妃子,焉用旧乐词为?"遂命龟年持金花笺,宣赐翰林学士李白,进《清平调》词三章……会高力士终以脱乌皮六缝为深耻,异日太真妃重吟前词,力士戏曰:"始谓妃子怨李白深入骨髓,何拳拳如是?"太真妃因惊曰:"何翰林学士能辱人如斯?"力士曰:"以飞燕指妃子,是贱之甚矣。"太真颇深然之。上尝欲命李白官,卒为宫中所捍而止。

以上三本书如此描写"高力士脱靴"这个情节,无非是要凸显李白蔑视权贵、傲然不群的张扬个性。

《唐国史补》《酉阳杂俎》《松窗杂录》都是中晚唐人所撰,相比之下,《酉阳杂俎》《松窗杂录》成书较晚,可能是《酉阳杂俎》的作者段成式看到了李肇撰写的《唐国史补》,又听到了来自民间或是某些文人的传言,记录了高力士为李白脱靴的故事,故《酉阳杂俎》比《唐国史补》描写得更为生动、形象、具体、更有可读性和趣味性。值得探讨的是,《酉阳杂俎》与《新唐书·李白传》的记载,在情节上几乎一模一样,实在让人诧异。而在最早的《唐国史补》《酉阳杂俎》的记载中,并没有提到杨贵妃的事,只是单纯描写李白与高力士之间的矛盾事件。然而，这个故事越传越广，逐渐加入了更多想象的东西，在《松窗杂录》中，杨贵妃成了故事的主角之一。"帝欲官白，妃辄沮止"这个叙述，被《新唐书》这样的正史所接纳，并几乎原封不动地转录其中。后来，近世的民间传说中更是加入了李白醉书退蛮夷的情节，这样的历程实在让人咋舌。再往后，小说、戏剧登场，把"高力士脱靴""贵妃泪止"演绎得淋漓尽致、活灵活现。

但《新唐书·李白传》把高力士脱靴一笔带过，而摘诗以激杨贵妃，也说得含混不清，似乎比民间传说要可信得多，加之这样一段记载，出自北宋官方编修的《新唐书》，具有很大的权威性，因此历代文人先入为主地把它当成了真实的历史。可"贵妃"是在李白离开长安之后才封的，所以这些记载，显然与事实不符。

笔记杂史描写得越生动，就越值得怀疑，主要原因有五点。

一是李肇、段成式、李濬三个人与李白不在同一时代，相差至少三四十年，当时他们不可能在现场，怎么能看到高力士为李白脱靴呢？因而他们所写的内容不一定符合史实。

以《酉阳杂俎》为例，该书为表现李渊的精奇悍勇，写道："隋末，尝以十二人，破草贼号毋端儿数万。又龙门战，尽一房箭，中八十人。"这是正史中所不存的。又如，书中写骆宾王的《为徐敬业讨武曌檄》传到武则天手中："则天览及'蛾眉不肯让人''狐媚偏能惑主'，微笑而已。至'一抔土未干，六尺之孤

219

安在',不悦,曰:'宰相何得失如此人!'"堪称神来之笔。

还有如李白让高力士脱靴,王勃写文章时蒙在被里打腹稿等虚构的故事情节,只是为了让读者更有兴趣而已。

清代纪昀等编写的《四库全书总目提要》中便指出《酉阳杂俎》"其书多诡怪不经之谈,荒渺无稽之物。而遗文秘籍,亦往往错出其中。故论者虽病其浮夸,而不能不相征引。自唐以来,推为小说之翘楚"。

二是凭李白张扬的个性,如果有高力士脱靴之事,一定会把这件事说出去。"温室树"可以说,脱靴之事就更不是秘密了。但李白的诗文中没有这样的句子,李白的朋友杜甫、王昌龄、孟浩然、高适等赠给李白的诗文中,也未看到与高力士脱靴有关的文字;中唐时期的韩愈、白居易、元稹、刘禹锡等也没有文字表现李白与高力士之间的矛盾。

三是李阳冰没有在《草堂集序》中记述这件事。李白就是在其族叔李阳冰家中病重去世的。去世前,李白将自己的诗稿交给了李阳冰,并亲述自己初见唐玄宗的情景,其中并没有交代醉酒脱靴之事。另外,范传正亲眼看到了李白之子伯禽的文字记述,他在为李白迁坟、撰写碑文时也未提到高力士脱靴事件。

四是高力士不是一般的宦官。他拥立唐玄宗有功,在朝廷上威望很高。

高力士,原名冯元一,唐代著名的宦官。他幼年时入宫,被宦官高延福收为养子,故改名高力士。由于曾帮助唐玄宗平定韦皇后和太平公主之乱,深得唐玄宗宠信,在唐玄宗统治期间,他的地位达到了顶点。

《旧唐书·高力士传》记载:

> 性谨密,能传诏敕,授宫闱丞。景龙中,玄宗在藩,力士倾心奉之,接以恩顾。及唐隆平内难,升储位,奏力士属内坊,日侍左右,擢授朝散大夫、内给事。先天中,预诛萧、岑等功,超拜银青光禄大夫,行内侍同正员。开元初,加右监门卫将军,知内侍省事。
>
> ············
>
> 每四方进奏文表,必先呈力士,然后进御,小事便决之。玄宗常曰:"力士当上,我寝则稳。"

高力士有三大特点:对唐玄宗无条件忠诚;做事情非常谨慎;政治上头脑特别冷静、清晰。

正因为如此,唐玄宗对高力士非常信任,不断给高力士加官晋爵。天宝元年(742)高力士任冠军大将军、右监门卫大将军,进爵渤海郡公,后来又被封为左监门卫大将军,官至正三品。

另外,唐玄宗的子女、亲属都对高力士非常尊重,《旧唐书》记载:"肃宗在春宫,呼为'二兄',诸王、公主皆呼'阿翁',驸马辈呼为'爷'。"

上元元年(760)八月,玄宗移居西内甘露殿。高力士与宦官王承恩、魏悦等人因随侍玄宗登上长庆楼,被李辅国设计陷害,流放黔中道。宝应元年(762)三月,遇大赦返回,到朗州,碰到流放之人谈论京城事,才知玄宗已去世,高力士望着北方大声痛哭,吐血而死。死后,唐代宗李豫念其忠心耿耿,有护卫先帝之功,追赠其为扬州大都督,陪葬于泰陵。在众多胡作非为、争议颇多的宦官中,高力士的确对得起古人对他的评价——"千古贤宦第一人"。

像高力士这样一个位高权重、人人敬畏的正直宦官,李白是不可能随便得罪的。

五是李白当时刚进宫,是个翰林待诏,是陪侍皇上从事诗文娱乐的御用文人,他非常清楚自己行为的边界在什么地方,也没有必要在皇帝跟前让高力士这样一个重要人物给其脱靴。目前,从李白在宫中的表现和他所写的应制诗来看,他的行为处事方式是非常谨慎的。

南宋文学家洪迈在撰写的《容斋随笔·太白雪谗》中描述:

> 李太白以布衣入翰林,既而不得官。《唐史》言高力士以脱靴为耻,摘其诗以激杨贵妃,为妃所沮止。今集中有《雪谗诗》一章,大率载妇人淫乱败国,其略云:"彼妇人之猖狂,不如鹊之强强。彼妇人之淫昏,不如鹑之奔奔。坦荡君子,无悦簧言。"又云:"妲己灭纣,褒女惑周。汉祖吕氏,食其在傍。秦皇太后,毒亦淫荒。蟏蛸作昏,遂掩太阳。万乘尚尔,匹夫何伤。词殚意穷,心切理直。如或妄谈,昊天是殛。"予味此诗,岂非贵妃与禄山淫乱,而白曾发其奸乎?不然,则"飞燕在昭阳"之句,何足深怨也?

"安能摧眉折腰事权贵,使我不得开心颜",正因为后人想突出李白蔑视权贵这样一种精神状态,所以在他身上附会了很多与史实不相符的故事。高力士脱靴这种故事,若写到杜甫身上,不会有人相信,写到李商隐身上,也会认为不可能;但写在李太白身上,大家有可能会相信,因为这符合他的性格。

还有一点需要说明,范传正在《唐左拾遗翰林学士李公新墓碑并序》中记述:"他日,泛白莲池,公不在宴。皇欢既洽,召公作序。时公已被酒于翰林院中,仍命高将军扶以登舟,优宠如是。"意思是唐玄宗携杨玉环、高力士等泛舟于白莲池,游兴正浓时想到了李白,下诏让李白作诗,可李白正处于醉酒中,唐玄宗命令高力士搀扶李白上船。这段话告诉我们,高力士只是搀扶李白登舟,未提及脱靴之事。

从上面的分析来看,高力士给李白脱靴是不存在的,李白也没有和高力士发生过矛盾,高力士向唐玄宗进谗言也是无中生有。

(五)杨玉环

天宝元年(742)时,杨玉环二十四岁,开始以太真道士的身份出现在兴庆宫里陪侍唐玄宗。杨玉环是中国历史上具有传奇色彩的女性之一,她本是唐玄宗第十八子寿王李瑁的王妃。737年,唐玄宗宠爱的武惠妃病死,后宫数千佳丽,没有一个能使他满意。在华清池,玄宗偶遇杨玉环,对她留下了深刻印象,遂命高力士搜寻,最后在寿王宫找到了她。杨玉环深谙音律,深得唐玄宗欢心,于是把她召入宫中。为了安慰儿子

223

寿王,唐玄宗又给他娶了一个妃子作为补偿。杨玉环入宫后,很受唐玄宗的宠爱,因而她也极有可能是进谗言的又一人选。再加上因脱靴而对李白怀恨在心的高力士,二人会不会联合进谗言呢?

《松窗杂录》里说高力士拿李白《清平调》中的诗句"可怜飞燕倚新妆"在杨贵妃面前说坏话:李白把您比作赵飞燕,这是在侮辱您。

翻开《汉书》,我们不难发现赵飞燕的个人经历,包括她擅长的东西,跟杨玉环很相似。赵飞燕出身低微,本来是在一个宫廷的戏班子里面表演歌舞的。汉成帝路过的时候,看到她舞姿轻盈、优美,很是欣赏,故把她召入宫中,到后来她做了皇后。其实赵飞燕不是祸水的象征,如果把她比作褒姒那是不合适的。褒姒是乱政的,可赵飞燕没有,她没参过政。

相反,她的个人才艺跟杨玉环很接近,所以李白用这个典故,没有什么贬损之意。而且唐代诗人用飞燕这个词的时候,都是在形容一个人长得漂亮。

另外,《松窗杂录》中的这个例子用得也不恰当,因为《清平调》是李白奉唐玄宗的诏命写就的。唐玄宗博学多闻,多才多艺,精通音律,诗也作得非常好。这两句诗难道唐玄宗理解不了吗?如果诗里写赵飞燕是在讥讽杨玉环,难道他还会让李龟年谱成曲当场演唱吗?再加上杨玉环这时候还不是贵妃,她只是太真道士。李白固然抨击黑暗的政治,对那些奸佞小人有不满,但是这个时候杨玉环还不是妃子。她真正开始得到唐玄宗的宠信,并且让她的兄弟姐妹鸡犬升天,是成为贵妃以后的事了。

所以,这个时期的李白没有必要去讥讽杨玉环。传言说高力士和杨玉环曾经在唐玄宗跟前进谗言,说李白的坏话,这在历史上是很难成立的。

(六)张垍

据《旧唐书》记载:张垍,生卒年不详。排行四,河南洛阳人,宰相张说次子,兄张钧,开元中历官大理卿,弟张㙉,曾任给事中。妻子是唐玄宗之女宁亲公主,拜驸马都尉。开元二十六年(738)以太常少卿入翰林院为学士,天宝四载(745)授兵部侍郎,转太常卿。安史之乱起,垍受伪命为宰相,死于贼中。

综合史料记载,张垍有以下特点。

一是出身显赫。张垍为唐玄宗时期宰相张说次子,娶宁亲公主为妻,拜驸马都尉。

二是相貌堂堂。史载,张垍相貌俊丽,风度优雅,举止适当。

三是有一定的才气。李白曾向张垍赠诗《玉真公主别馆苦雨赠卫尉张卿》,其中"独酌聊自勉,谁贵经纶才。弹剑谢公子,无鱼良可哀",把张垍比作"战国四君子"之一。杜甫也曾向张垍献诗《赠翰林张四学士》,诗中写道:"天上张公子,宫中汉客星。"把张垍比作东汉的名臣严光。两位大诗人都对张垍的才华评价很高,足见张垍有一定的才气。张垍曾作《奉和岳州山城》诗:"郡馆临清赏,开扃坐白云。讼虚棠户曙,观静竹檐曛。悬榻迎宾下,趋庭学礼闻。风传琴上意,遥向日华纷。"

四是深得玄宗宠爱。唐玄宗为了能朝夕见到女儿宁亲公主和女婿张垍,特地打破常规,"许于禁中置内宅",让他们夫妻两人把家安在皇宫里,这在整个唐朝都是空前绝后之事。除此之外,唐玄宗还"尝赐珍玩,不可胜数",可见宠遇之深。不仅如此,唐玄宗对张垍的才华也非常欣赏,颇有重用之意。老宰相陈希烈退休后,唐玄宗对张垍直言不讳:"希烈累辞机务,朕择其代者,孰可?""无逾吾爱婿矣。"一度产生想让张垍当宰相的想法。

五是伪忠于朝廷。唐朝盛世,国家承平日久,文恬武嬉,安史之乱一夕爆发,朝廷军一败涂地,陪都洛阳被攻克,唐玄宗仓皇出逃。离开长安时,唐玄宗环顾左右,除宰相韦见素、杨国忠,御史大夫魏方进等之外,"朝臣多不至"。

《旧唐书》记载:

> 次咸阳,帝谓高力士曰:"昨日仓皇离京,朝官不知所诣,今日谁当至者?"力士曰:"张垍兄弟世受国恩,又连戚属,必当先至。房琯素有宰相望,深为禄山所器,必不此来。"帝曰:"事未可料。"是日,琯至,帝大悦,因问均、垍,琯曰:"臣离京时,亦过其舍,比约同行,均报云'已于城南取马',观其趣向,来意不切。"

张均、张垍背叛唐玄宗的主要原因有两个:一是未任宰相有怨言,唐玄宗的一句"无逾吾爱婿矣",让张垍想入非非,日

夜盼望,最终唐玄宗未兑现承诺,张垍也没有得到宰相的位置;二是遭贬心生恨,《旧唐书》云:

> 天宝十三年正月,范阳节度使安禄山入朝。时禄山立破奚、契丹功,尤加宠异。禄山求带平章事,下中书拟议。国忠进言曰:"禄山诚立军功,然眼不识字,制命若行,臣恐四夷轻国。"玄宗乃止,加左仆射而已。及禄山还镇,命中官高力士饯于浐坡。既还,帝曰:"禄山慰意否?"力士曰:"观其深心郁郁,必伺知宰相之命不行故也。"帝告国忠,国忠曰:"此议他人不知,必张垍所告。"帝怒,尽逐张垍兄弟。出均为建安太守,垍为卢溪郡司马,埱为宜春郡司马。岁中召还,再迁为太常卿。

对张垍兄弟的伪忠,唐玄宗早有觉察,安史之乱爆发西逃咸阳时,"朝臣多不至",高力士认为张垍兄弟世受皇恩,一定会跟随玄宗西行,但玄宗却说"事未可料",果然被说中了。叛军攻克京都长安后,"既而均弟兄果受禄山伪命,垍与陈希烈为贼宰相",最后"垍死于贼中",应验了那句话"多行不义必自毙"。

六是嫉贤妒能。突出表现在对推荐李白、杜甫入仕一事的忽略上。

天宝元年(742),李白为了寻求政治出路,初入长安拜访张垍,渴望得到张垍的帮助,张垍却让李白到楼观台找玉真公主。求职心切的李白在别馆等待数月,饥寒交迫,也未能见到公主。失望至极的他作《玉真别馆苦雨赠卫尉张卿》二首来描述自己的境遇,之后再次来到京都,想拜访张垍,让其指条明路,可张垍却避而不见,指望张垍推荐之事最终搁浅。

天宝九载(750),科举考试失利的杜甫在长安见到了张垍,二人交谈甚是投机,杜甫认为张垍就是自己想要寻找的政治引荐之人,作《赠翰林张四学士》诗相赠,希望能得到张垍的提携进入仕途,张垍收到赠诗后却再无音讯,杜甫盼望张垍推荐之事也在漫长的等待中化为泡影。

张垍是皇亲国戚,驸马都尉,深得唐玄宗的宠爱,且手中又握有权力,完全有能力把李白、杜甫推荐给朝廷,但是张垍没有这么做,究其原因,是他嫉贤妒能的心态在作祟。当时,李白的诗才名声已被朝廷内外所认可,张垍深知李白、杜甫的诗才远远高于自己,若推荐李白、杜甫进入朝廷,会给自己带来不利影响,甚至动摇自己在皇帝心中的地位,一种邪念在他心中升腾。

天宝元年(742)秋,李白经玉真公主、贺知章的极力推荐终于得以入朝为官。他认为实现政治抱负的机会来了,于是写出了"仰天大笑出门去,我辈岂是蓬蒿人"的豪言壮语。李白入仕的目的是做宰相或者帝王师,可万万未料到唐玄宗只是让他做翰林待诏,每天等待奉诏写诗,这让他心有不甘,从此日日饮酒来排解心中的苦闷,由此李白"长安市上酒家眠,天子呼来不上船"的名声传遍京城。

李白这种有违朝廷制度的自由散漫作风、口无遮拦的放言行为,让妒忌他的张垍抓住了机会。

唐代小说是这样描述张垍陷害李白的,他为了排除异己,家中豢养了李琪、付星两个无赖家奴,这两个家奴极尽争宠献媚之能事,日日竞相给张垍端溺器、擦拭屁股,干着下三滥的勾当。张垍为了获取有关李白的第一手资料,派家奴李琪、付星日日尾随打探,抵近窥视、偷听,记录李白所行、所言。张垍根据家奴提供的资料,经过材料的精细加工向唐玄宗进谗言。唐王屋山人魏颢在《李翰林集》记载李白"以张垍谗逐,游海、岱间"。也就是说,张垍屡向玄宗进谗,致使唐玄宗疏远李白,他在李白被赐金放还一事上起到了推波助澜的作用。

(七)唐玄宗

　　李隆基(685—762),唐高宗与武则天之孙,唐睿宗李旦第三子,又称李三郎。先天元年(712)至天宝十五年(756)在位,因安史之乱退位为太上皇,是唐朝在位时间最长的皇帝,亦是唐朝极盛时期的皇帝。

　　李隆基生性英明果断,知晓音律,仪表雄伟俊丽。先天元年(712),李旦禅位于李隆基。

　　在位前期,唐玄宗勤于政事,任用姚崇、宋璟等贤相,励精图治,拨乱反正,开创了唐朝的开元盛世。但是在位后期,特别是天宝时期,逐渐怠慢朝政,宠爱杨贵妃,宠信奸臣李林甫、杨国忠等,重用安禄山等人试图来稳定唐王朝的边疆,结果导致后来长达八年的安史之乱,为唐朝中衰埋下伏笔。天宝十五载(756),太子李亨即位,尊其为太上皇。宝应元年(762),玄宗病逝于长安神龙殿,终年七十八岁,葬于泰陵。

综观唐玄宗一生，功过参半。毕竟他开创的开元盛世流芳百世，是中华五千年文明史上极为辉煌的一页。然而，安史之乱的出现却击碎了这无与伦比的盛世。这两个极端，竟是同一个人造成的，他把唐朝推向了顶峰，却也把它推向深渊。

无论如何，唐玄宗都是一位英武的皇帝，对权力有很强的控制欲，在识人、用人方面有独到的慧眼。如果真有政治才能，一定会得到玄宗重用。如他重用安禄山，那真是排除了万难。杨国忠几次提醒唐玄宗，此人将来必反，高力士也指出安禄山有异心，但唐玄宗出于政治利益的考量，义无反顾地重用了安禄山。

这个例子告诉我们，唐玄宗头脑非常清醒，从他对李林甫的控制来看，不但精明过人，而且非常有魄力。他要真想任用一个有才华的人，完全是可以做到的。但对于李白来讲，他来到长安，不是为了让大家承认自己是诗人、文学家，更重要的是通过唐玄宗的认可成为一位政治家。

张垍虽然不断在唐玄宗面前诋毁李白，但听与不听、做与不做是唐玄宗的事，也就是说，让李白离开长安，起决定作用的是唐玄宗。

李白究竟犯了什么"错误"，令唐玄宗下定决心让他离开长安呢？

据范传正《唐左拾遗翰林学士李公新墓碑并序》记载：李白"不能不言温室树，恐掇后患，惜而遂之"。

不言"温室树"这个典故的主人翁是西汉重臣孔光。孔光

（前65—5），字子夏，曲阜（今山东曲阜市）人，西汉后期大臣，官至大将军、丞相、太傅、太师。

《汉书·孔光传》记载：

> 光周密谨慎，未尝有过。……沐日归休，兄弟妻子燕语，终不及朝省政事。或问光："温室省中树何木也？"光嘿不应。

有一天，孔光忙完公事回到家中，家里人对宫廷之事很好奇，闲聊时他的夫人问起皇宫温室殿里都种了什么树？孔光不语。温室殿是西汉时皇上和臣子们议事的地方，孔光为人十分周密谨慎，每天回家与兄弟、妻子闲话时从不谈及朝中政事。孔光心里清楚，如果向家里讲了温室树，那接下来就是温室事，拿国家机密当茶余饭后的谈资会干扰政事，危及国家。"口不言温室树"已成为古代官员坚持的原则。

李白张扬的个性，再加上做翰林待诏心中多有不快，便日日饮酒于长安市上，醉酒后，或许他不仅言温室树，估计也把唐玄宗与杨玉环的事都说了出去。宫中的事世人本来就好奇，经李白这么一说，可信度迅速增强，这样一传十、十传百，把"温室树"扩散了开来，越说越多，越传越神奇，最后被唐玄宗知道，加上张垍的谗言构陷，使唐玄宗对李白的这一"泄密"行为感到不快，认为如果继续让李白待在长安，皇宫里就再也没有秘密可言了，于是他下决心让李白离开这里。

李白是名满天下的大诗人，唐玄宗出于对人才的爱惜，并没有贬斥李白，也没有让李白下狱，而是保全了他作为一个文人的体面,将他"赐金放还"。离开长安的李白,名声越来越大,"粉丝"越来越多,可李白心中的不快,又有谁能理解呢?从此,人们对李白有一个共识,那就是他是一个文人、一个诗人,仅此而已。

从李白言"温室树"一事中,我们应该吸取什么教训呢?俗话说"祸从口出",每一个人都要把政治纪律、政治规矩放在首位,保守国家秘密,遵守保密纪律,维护国家安全,任何时候都不能口无遮拦,该说的就说,不该说的绝对不要说,要让不言"温室树"成为每个人的自觉行动。

四、对酗酒的错爱

酒是李白生命中不可或缺之物,李白的生活中不能没有酒。唐朝的知识分子大都饮酒,王维、贺知章、杜甫、白居易、刘禹锡、元稹等诗人都是饮酒高手,但李白饮酒的名气最大,一方面李白性格张狂,狂傲凭酒兴,醉酒助狂傲;另一方面他不分时间、不分地点地饮酒,醉酒是常态。

任何事物都有两面性,饮酒给李白带来"酒仙"的雅号,"醉酒"却也使他一生仕途坎坷。

(一)自言饮酒明嗜好

李白诗写得好,唐朝各级官员、爱好者也都喜欢争读李白的诗文。李白在诗文中不仅写山水明月、修道炼丹、琼楼玉宇、神仙天鸡,而且把自己饮酒的次数、酒量写在诗歌里,如"三百六十日,日日醉如泥""百年三万六千日,一日须倾三百杯""穷愁千万端,美酒三百杯""烹羊宰牛且为乐,会须一饮三百杯""一杯一杯复一杯""千杯绿酒何辞醉""五花马,千金裘,呼儿将出换美酒,与尔同销万古愁"等。

李白留下的诗文中,有 150 首与酒有关。从上述诗句可以看出,李白不仅日日饮酒,还天天醉酒,而且酒量很大。李白的诗一写出来,便会有人把它编写成歌曲,在教坊里传唱,这样一传十、十传百,大家都知道了李白诗写得好——夸张浪漫,也知道了李白的爱好——饮酒。久而久之,李白饮酒的名气越来越大,喝酒的气势也更酣畅淋漓。没钱了,他让儿子伯禽牵着"五花马",抱着"千金裘",出门换取美酒,坚决"与尔同销万古愁"。李白的这些诗句,一再向世人表明,饮酒是自己最大的嗜好。

李白这些描写饮酒的诗句,可能有些夸张,他不一定"日日醉如泥",也不一定"一日须倾三百杯",但他既然这样写了、这样说了,别人就有可能相信,其他人也会照他诗文里的样子去写他。

(二)人言饮酒展狂傲

1.魏颢的记述

李白的崇拜者魏颢在《李翰林集序》中记述"白时为贵门邀饮。比至,半醉,令制出师诏,不草而成";拜见韩荆州施礼后,道"酒以成礼";又写到李白"饮数斗,醉则奴丹砂抚青海波。满堂不乐,白宰酒则乐"。

上面的记述是李白在广陵时告诉魏颢的,李白不仅应邀与贵门饮酒，还在玄宗召唤时喝得半醉，"酒以成礼"成为李白拜客、会客不可缺少的重要环节。

　　2.李阳冰的记述

　　李白的族叔李阳冰在《草堂集序》中记述："公乃浪迹纵酒，以自昏秽。咏歌之际，屡称东山。"这段文字的意思是：李白离开京都后便举止放浪，饮酒无度，以此来掩饰自己。在撰写的诗歌里多次声称要隐居东山。

　　李阳冰的记述表明，李白被赐金放还后，日日无度纵酒，举止更加放浪形骸，性格也更加张狂。出现这种状态的原因，就是一个字——酒，酒解李白烦忧，酒也使李白更加狂傲。

　　3.范传正的描写

　　与李白有通家之好的范传正在《唐左拾遗翰林学士李公新墓碑并序》中描述："皇欢既洽，召公作序。时公已被酒于翰林院中，仍命高将军扶以登舟，优宠如是。"这段话告诉我们，玄宗与太真娘子杨玉环游玩高兴时，召唤李白写诗，找到李白时，他已处于酒醉状态。玄宗并没有感到厌烦，反而让高力士搀扶李白上船。

　　4.《旧唐书》的描写

　　一向以"惜字如金"著称的《旧唐书》中，《李白传》共三四百字，其中就有七处描写李白饮酒之事。

　　"少与鲁中诸生孔巢父、韩沔、裴政、张叔明、陶沔等隐于徂徕山，酣歌纵酒，时号'竹溪六逸'"，意思是：李白在年轻时同山东的孔巢父、韩沔、裴政、张叔明、陶沔等文士一起隐居在徂徕山,尽情地吟诗饮酒,纵情高歌,他们在当时被称为"竹溪六逸"。

"白既嗜酒,日与饮徒醉于酒肆",意思是:李白酷爱饮酒,每天都同嗜酒者在酒馆喝得大醉。

"玄宗度曲,欲造乐府新词,亟召白,白已卧于酒肆矣。"这几句表明,玄宗作了曲子,想要作乐府新词,急切地召见李白,李白却已经醉卧在酒馆了。玄宗每次召唤李白,李白都不在身边,都处于醉酒的状态。

"尝沉醉殿上,引足令高力士脱靴,由是斥去。"说明李白曾经大醉在金殿上,伸出脚来命令高力士给他脱掉靴子,因此玄宗派人斥责李白离开。"引足令高力士脱靴",更显露出李白张狂的个性。

"乃浪迹江湖,终日沉饮。"表明李白离开长安后便浪迹江湖,一天到晚都沉醉在酒中。

"时侍御史崔宗之谪官金陵,与白诗酒唱和。"离开长安的李白,恰巧遇到当时被贬官到金陵的侍御史崔宗之,同病相怜的两人一起饮酒作诗,相互酬答。

"竟以饮酒过度,醉死于宣城。"李白最后因饮酒过量,死在了宣城。过度饮酒定会影响他的健康,他在宣城去世和日日醉酒有很大关系。

《新唐书》是参考《旧唐书》撰写的,书中也多次提到李白纵情饮酒,玄宗寻他作诗写词,他总是处于醉酒状态。

(三)长安市上酒家眠

杜甫诗云:"李白一斗诗百篇,长安市上酒家眠。天子呼来不上船，自称臣是酒中仙。"杜甫这首诗包含三层意思：首先，李白饮酒后才思敏捷，喝一斗酒便写诗百篇；其次，李白经常饮酒，醉酒后就沉睡在酒馆里；最后，把李白孤傲的性格写了出来，玄宗召唤也不应诏，因为他喝醉了。

其实李白也不一定日日醉酒，但是在人们的印象里，他总是醉醺醺的，很多史料也指出李白时常醉卧翰林院。即便唐玄宗召唤他，也不能直接找到他。他不是喝醉在长安市上的酒馆里，就是在翰林院里醉着。把他叫来以后，泼一点凉水到脸上，他才能醒过来。

杜甫在《饮中八仙歌》中描写其他七位饮者时，都是说能喝酒，醉酒后骑马晃晃悠悠的，只有提到李白时，是"天子呼来不上船"，李白的性格特征于此显露无遗，这也从侧面说明李白对皇帝的态度都这样傲慢，对其他官员就更不在话下了，唐朝的地方官员读到杜甫的这首诗会有何感想？哪个官员还敢推荐李白入仕？这首诗表明，李白从政不顺有"日日饮酒"惹的祸。

（四）醉酒常言禁中事

天宝元年（742），李白经玉真公主、贺知章推荐进入长安，任翰林待诏。

据李阳冰在《草堂集序》记述，李白刚入朝廷，受到了唐玄宗的高规格接待，走下台阶亲自迎接，亲手为李白调制汤羹，安排李白起草诏令。此时唐玄宗对李白寄予厚望，这一时期也是对其从政能力的考验期。

李白刚入长安时,心中充满对美好生活的向往,饮酒可能有所收敛,但当他知道自己只是陪侍皇帝诗文娱乐的文人后,产生了巨大的心理落差,更加放纵自己。因为他进入长安,是要"申管、晏之谈",做辅弼之臣,但翰林待诏只是服侍皇帝娱乐的,并无大事可干,与自己的政治理想相差太远,李白心中的苦闷可想而知。他常常暗自伤感,对着月亮独自饮酒:"花间一壶酒,独酌无相亲。举杯邀明月,对影成三人。"心中越苦闷,越想借助饮酒放松心情,酒醒后更加心烦,于是日日饮酒,天天醉眠,结果不到一年半的时间就被迫结束了翰林待诏的政治生涯。

笔者以为,李白被唐玄宗赐金放还,是因为他饮酒后泄露朝廷秘密,并不是因为与朝廷权贵不和。

理由是李白奉召入翰林之后,是一位出色的翰林待诏,入职当年的十月,玄宗携杨玉环往骊山温泉宫,李白奉命随侍并写出了《侍从游宿温泉宫作》等诗。天宝二年(743)初春,宫中行乐,玄宗亲自作曲,想要以新词入曲,于是急召李白。当时李白在长安酒家喝得烂醉,被抬进宫中用凉水泼面之后,他顷刻就写出了十余首诗,玄宗十分高兴,赞赏有加。从唐玄宗频繁下诏命其作诗这点看,对李白的敏捷诗才,他是很满意的。这也说明李白完全胜任翰林待诏一职。

那么,为什么玄宗要让李白离开长安呢?天宝三载(744)春天,李白就被赐金放还了。魏颢在《李翰林集序》中记述,是由于张垍进了谗言。无论是皇帝亲近之人的厌恶,还是一般的朝廷权贵的排挤，最后让李白离开长安的命令总归是唐玄宗下的。因此，李白离开朝廷、离开长安，最重要的原因是唐玄宗不再喜欢他了。不喜欢的原因，一是唐玄宗娱乐时召唤李白，却总是找不到人。假如换成其他翰林待诏，一定会时刻等待着，更不用说饮酒了。二是醉酒的李白泄露了宫廷秘密，范传正言李白"乘醉出入省中，不能不言温室树"。一个人总会借醉酒说一些长期积压在心中的话，李白心里不痛快，醉酒后说一些宫廷机密事，发泄对朝廷的不满也在常理之中，符合他的性格特点。

对一般人来说，酒后能壮胆，但醉酒也可能失言。凭李白张扬的个性，醉酒后必然会泄露禁中之事，偶尔一次可以原谅，经常如此，唐玄宗就会疏远之。本来唐玄宗召李白进宫是为了点缀文采、"润色盛世"，若李白是一个贪杯嗜酒、口无遮拦的诗人，他就会大失所望、大为不满。李白有意模仿汉朝的东方朔，但实际上他做不到东方朔那样超脱飘逸，《玉壶吟》一诗中的"世人不识东方朔，大隐金门是谪仙。西施宜笑复宜颦，丑女效之徒累身。君王虽爱蛾眉好，无奈宫中妒杀人"，就透露出李白承认自己由于没有学到东方朔隐藏真实心迹、滑稽调笑周旋于帝王身边的本事因而弄巧成拙。李白不是司马相如，也不是东方朔，他有较强的自尊心，言语之间难免露出锋芒，他常常醉酒，又难以做到守口如瓶，他不甘心于只为帝王提供娱乐，忍不住要批判现实，所有这些，应该就是李白被唐玄宗赐金放还的原因。总而言之，嗜酒误事，古已有之，值得后人记取。

到底是喝酒误了李白，还是喝酒成就了李白？李白被赐金还乡是酒之误，还是李白有意为之？

1765 年春，乾隆第四次南巡回銮之时经过济宁州，这是他第一次亲游济宁州城。他看到巍巍古城，登临壮观的太白楼后，即兴作《登太白楼》诗一首：

> 岧峣高阁俯城闉，名字犹传太白真。
>
> 善酿者汪信知己，举觞惟贺是佳宾。
>
> 良辰漫惜方春饯，胜迹初探返跸巡。
>
> 禹戒常遵恶旨酒，醉歌无事取斯人。

乾隆初探胜迹，不禁想起了李白与善酿酒者汪伦的知己情深，酒楼上与贺知章把酒相觞、醉酒长歌的潇洒风流。但自己国事繁重，日理万机，只是心羡慕之，所以写下了"禹戒常遵恶旨酒，醉歌无事取斯人"。看来只有闲来无事时才能效仿李白这样喝酒，才能欣赏李白的醉歌风流。

笔者认为，乾隆皇帝这首诗，算是对李白酗酒最中肯的评价。

李白醉酒误事对今天的我们有什么启示呢？中华文化不仅博大精深，而且源远流长，璀璨的文明中不仅有诗歌，有瓷器，还有酒。酒在古代是中华文化的一种载体，内涵丰富，在中国数千年的历史中，酒文化渗透到了政治、经济、文化的方方面面。

李白为什么要喝酒？笔者认为，他爱上的不是酒，而是喝酒的感觉,端起酒杯将豪情、烦闷融入酒中,酒在杯中,杯在手中,话在酒里,情在心里。对李白而言,喝酒就是一种情感上的释放,心理上的解压。

酒是一种饮品,但酒文化绝对不仅仅是一种让人喝酒的文化,酒文化在中国传承数千年,各个朝代都有关于酒的故事。无论是煮酒论英雄,还是杯酒释兵权,都是酒背后的意义。到了现代,酒的杀伐气息已经不是十分浓烈,但是喝酒背后的意义却是更加复杂。只有看清酒背后的意义,理解酒包含的文化,把在什么时间可以喝,什么地方可以喝,饮酒、醉酒时该说什么、不该说什么辨析清楚了,才能喝得尽兴,才能喝得有意义,才能喝得有价值,才能喝得后顾无忧。

五、对丹药的迷恋

李白号称诗仙,一生与仙道结下了不解之缘,在他的身上,在他的诗文里,都散发着一种浓厚的神仙气、仙道气。无论是在蜀中还是在"仗剑去国,辞亲远游"的漫游途中,他都乐于游名山、探仙道,诗中对神仙、紫霞、天宫楼阙、琼阁仙山等仙境的描述,足见其对道教的倾心和虔诚、对成仙的无比向往。

李白修道的目的就是成仙,飞到天上去,位列仙班,李白坚信这一点。

那么,李白是如何信仰道教的呢?

唐代皇帝尊老子李耳为始祖,把道教列为三教之首,因此慕道学仙风气在唐朝较为流行。李白爱好道教,除了当时社会风气的影响之外,还有一些具体的原因。

（一）居住蜀地的耳濡目染

李白出生在具有浓厚神仙思想的环境中。李白的九世祖李暠于河西走廊建立西凉王朝,历时三世,为沮渠蒙逊所灭。隋代末年,天下大乱,李白的六世祖西迁碎叶避难。直到李白五岁时,李白的父亲李客才携带全家迁移至蜀地。因此,李白的祖上一直居于河西地区,与神仙思想浓郁的羌人混居。羌人实行火葬,认为人死之后灵魂脱离躯壳而升入天国,这样也就由抽象的灵魂不灭观念慢慢地形成了神仙思想。羌族一直活动在中国的西部,自河西走廊起,直到关中地区,南下至青海、四川一带,一直延伸到今云南等地。入蜀后,李白全家居住在蜀之西北部绵州昌隆县时,又与羌人有着密切的联系,对羌人的风俗耳濡目染,慢慢地便与"仙道"结下了不解之缘。

最重要的是,蜀地是道教重要的发源地之一,该地区神仙思想浓郁。东汉末年,张道陵结合当地少数民族的原始宗教信仰,在鹄鸣山创立了天师道。张道陵所设的二十四治,除北邙山一治之外,其余二十三治均在川蜀境内。至魏晋南北朝时,李雄在川蜀地区建立了成汉小朝廷,并得到当地道教组织的支持,道教也就成了此地的国教。

川蜀境内亦多道教名山,紫云山在绵州彰明县西南四十里,峰峦环秀,常有紫云结其上,故得此名;附近的青城山是道教的十大洞天之一,山上建有一些著名的道宫仙观;峨眉山修有乾明观,各住有道士百余人。蜀地道教的气氛浓郁,李白生长在这种环境中，一生行事也就打上了地域文化的深刻烙印。

李白年幼时便接受道家文化的熏陶，他在《上安州裴长史书》中说："少长江汉，五岁诵六甲，十岁观百家，轩辕以来，颇得闻矣。""六甲"泛指道教典籍。李白早年在大匡山读书时，便开始游名山、求仙道了。他在《感兴·之五》中云："十五游神仙，仙游未曾歇。""西山玉童子，使我炼金骨。欲逐黄鹤飞，相呼向蓬阙。"还在《访戴天山道士不遇》一诗中提到"无人知所去，愁倚两三松"，流露出了访道不遇的怅惘之情。峨眉山为蜀中名山，亦多神话，李白在《登峨眉山》一诗写道：

蜀国多仙山，峨眉邈难匹。周流试登览，绝怪安可悉？
青冥倚天开，彩错疑画出。泠然紫霞赏，果得锦囊术。
云间吟琼箫，石上弄宝瑟。平生有微尚，欢笑自此毕。
烟容如在颜，尘累忽相失。倘逢骑羊子，携手凌白日。

骑羊子为仙人葛由，李白幻想与羌族神仙葛由游于洞天仙境，说明李白此时已有强烈的成仙思想。他在《题嵩山逸人元丹丘山居》写道"家本紫云山，道风未沦落"，意思是说，"我"原本住在四川紫云山，家父与"我"都一直喜欢道家。居住环境的熏陶和影响，使李白年少时就对道教的信仰坚定不移。

（二）道友交往的言传身教

李白一生结交的道士很多，其中很多在当时就很有名望，这些道教领袖人物的言传身教对激发李白的信道热忱产生了重大影响。从《李太白全集》《旧唐书》《新唐书》中可以发现，能让李白投入感情并念念不忘，且对其一生构成影响的有司马承祯、元丹丘、吴筠、胡紫阳等道门中人。

开元十三年（725），二十五岁的李白在江陵地区与著名道士司马承祯相遇。这位年近八十的老道长一见李白，便夸赞他"有仙道骨，可与神游八极之表"。李白在蜀中已是甚慕仙道，此时受到这位道教界权威人士的赞许颇为欣喜，更增强了信道的信念。

元丹丘是与李白年龄相仿的蜀中道友。李白见长安入仕无门，乃东游梁宋，多次来往于嵩山，此时元丹丘就在嵩山隐居。他们是志同道合的道友，又是"异姓为天伦"（《颍阳别元丹丘之淮阳》）的兄弟。李白在《题元丹丘颍阳山居》一诗中写道："仙游渡颍水，访隐同元君。忽遗苍生望，独与洪崖群。"有学者据此认为元丹丘亦曾有入世之志，与李白志趣相仿，故而交游甚契。李白现存酬赠元丹丘的诗有十多首，此外还有多篇诗文涉及元丹丘。元丹丘并不是一般的道士，而是一个有神仙风姿的人物。李白在《元丹丘歌》中云：

> 元丹丘，爱神仙。朝饮颍川之清流，暮还篙岑之紫烟，三十六峰长周旋。长周旋，蹑星虹，身骑飞龙耳生风，横河跨海与天通，我知尔游心无穷。

李白此时的游仙热情空前高涨。《题元丹丘山居》《题元丹丘颍阳山居》《观元丹丘坐巫山屏风》写随道友游仙之感受。《嵩山采菖蒲者》表现汉武帝嵩山遇仙之故事及自己服药延年之遐想。

李白还曾向元丹丘的老师胡紫阳学习道术。按道教的师徒传授顺序来说，陶弘景传王远知，王远知传潘师正，潘师正传司马承祯，司马承祯传李含光，李含光传胡紫阳，可见胡紫阳也是茅山道派的著名人物。

开元二十年（732），元丹丘和他的弟弟元演与李白一起拜访了在湖北随州的胡紫阳。对于李白来讲，这是一次别开生面的聚会，后来他还对这次聚会念念不忘、记忆犹新。其《忆旧游寄谯郡元参军》诗云："紫阳之真人，邀我吹玉笙。餐霞楼上动仙乐，嘈然宛似莺凤鸣。"

李白在《题随州紫阳先生壁》中写道："忽耽笙歌乐，颇失轩冕情。终愿惠金液，提携凌太清。"在这里，李白请胡紫阳传授道术。而由其《唐汉东紫阳先生碑铭》中"因遇诸真人，受赤丹阳精石景水母，故常吸飞根，吞日魂，密而修之"的记载可知，李白此时已在学道教的修炼之术，可见李白对道教的信仰进一步发展。

此外，李白入长安之后，还遇到玉真公主和吴筠等人。玉真公主为睿宗之女，玄宗之妹。玉真公主好道，在睿宗太极元年（712）即出家入道，法号持盈。有学者曾考证李白、元丹丘和玉真公主三人在青城山时相识，遂成为道友。李白第一次入长安时，便寄宿在玉真公主别馆。开元二十九年（741）秋冬间，元丹丘奉诏入京，次年即天宝元年（742）受到持盈法师（即玉真公主）赏识，被封为道门威仪。丹丘受李白之托，荐之于玉真公主，然后玉真公主又荐之于其兄玄宗。故魏颢《李翰林集序》载："白久居峨眉，与丹丘因持盈法师达，白亦因之入翰林。"当年秋,李白奉诏入翰林。

吴筠,茅山道派潘师正的弟子,字贞节,华州华阴(今属陕西)人。著有道书《玄纲论》《神仙可学论》《心目论》《形神可固论》等宣扬他的成仙思想。《旧唐书·隐逸传》记载:"筠尤善著述,在剡与越中文士为诗酒之会,所著歌篇,传于京师。玄宗闻其名,遣使征之。"可见他当时也是名噪一时的诗人,他的诗作在《全唐文》中有记载。天宝初,李白曾游会稽,与道士吴筠隐于剡中。李白与吴筠不仅能谈经论道,而且能写诗酬唱,《新唐书》记载:"筠所善孔巢父、李白,歌诗略相甲乙云。"

道教领袖的言传身教,使李白对道教的认识进一步深化,令他开始萌生修炼成仙、位列仙班的念头。

(三)炼丹服食的躬身实践

李白一生曾两次被授予道箓,这在道教徒中是很罕见的现象。

天宝四载(745)在齐郡历城(今山东济南市)紫极宫请道士高如贵授道箓,后又到安陵(今河北衡水市景县东)请道士盖寰为他书写,可见李白是一名有文凭的道士。李白虽然对道教的理论没有深奥的阐发,也称不上一个严格遵守道教戒律的教徒,但他非常重视成仙的实践,曾经长期修行、炼丹、服食丹药。

道教倡导"清静无为""离境坐忘"等养生术,其最基本的要求便是清心寡欲,达到超然物外的境界。司马承祯曾提出修真达性的五个方面:"一曰斋戒,二曰安处,三曰存想,四曰坐忘,五曰神解。"

李白在蜀中大匡山读书时,曾经与隐士东严子隐居在岷山之阳修炼道术,他在《上安州裴长史书》中叙述:

> 昔与逸人东严子隐于岷山之阳,白巢居数年,不迹城市。养奇禽千计。呼皆就掌取食,了无惊猜……此白养高忘机,不屈之迹也。

道家认为人与禽兽类同,均为大自然中的成员,人与禽兽相亲,合乎自然,顺乎天道。修道之人每隐居于岩壑,应与禽兽亲近。李白养了数以千计的奇禽,闲居不仕,不屈从于权贵,正和道家倡导的斋戒、安处理念高度契合。

道家提倡服食丹药而成仙的做法由来已久。唐代从皇帝到士大夫对炼丹服药兴趣颇浓。李白作为道教信徒,身体力行,笃好炼制金丹。李白在金陵时有小童名"丹砂",这个名字与"金陵子"一样,也当是李白自取的。丹砂是炼丹的重要材料。正像范传正所说,李白一家"名之与字,咸所取象","丹砂"一名也有"取象"之意,这反映了李白已有学习炼制丹药的倾向。他在《赠嵩山焦炼师(并序)》一诗中记述了访著名女道士焦炼师的经过。其序云:

> 嵩山有神人焦炼师者,不知何许妇人也。又云生于齐、梁时,其年貌可称五六十。常胎息绝谷,居少室庐,游行若飞,倏忽万里。世或传其人东海,登蓬莱,竟莫能测其往也。

李白希望成为她的弟子，可惜"尽登三十六峰"，终究未能谋面。钱起曾有《题嵩阳焦道士石壁》一诗赠她：

> 彩云不散烧丹灶，白鹿时藏种玉田。
>
> 幸入桃源因去世，方期丹诀一延年。

说明焦炼师是长于炼丹的。

李白与元丹丘在嵩山隐居之时就曾炼制过丹药，只是没有成功。他在《颖阳别元丹丘之淮阳》诗中说："所失重山丘，所得轻埃尘。精魄渐芜秽，衰老相凭因。我有锦囊诀，可以持君身。当餐黄金药，去为紫阳宾。"离别之前，李白毫无保留地将自己炼丹的"锦囊诀"献给道友，并前往著名道士胡紫阳处。

李白晚年曾向人愉快地回忆起早年炼丹生涯，他在《金陵与诸贤送权十一序》中说：

> 吾希风广成，荡漾浮世，素受宝诀，为三十六帝之外臣……而尝采姹女于江华，收河车于清溪，与天水权昭夷，服勤炉之业久矣。

姹女为水银，亦即汞，河车是铅，这是炼丹的基本材料。

在《草创大还赠柳官迪》一诗中，他还描绘了炼丹的情景：

> 姹女乘河车，黄金充辕轭。
>
> 执枢相管辖，摧伏伤羽翮。
>
> 朱鸟张炎威，白虎守本宅。

"朱鸟"指火，"白虎"指石灰。

李白在很多诗里都写过自己炼制丹药的情景，如"愿随子

247

明去,炼火烧金丹";"炼丹费火石,采药穷山川";"弃剑学丹砂,临炉双玉童"。

除炼制丹药外,李白还穷尽山川,采制仙药。道家讲,在植物类的仙药之中,菖蒲的效果颇佳。《神仙传》记载:"嵩山石上菖蒲,一寸九节,服之长生。"《神仙服食灵草菖蒲丸方》据《上清经》曰:"服经十日,能消食;两月,除冷疾;三月,百病痊;而至四年,精神有余;五年,骨髓充满;六年,颜色光泽,状如童子;七年,发白再黑;八年,齿落重生;九年,皮肤滑腻;十年,面如桃花;十一年,骨轻;十二年,永是真人,长生度世,颜如芙蓉,役使万灵,精邪不近,祸患永消。"李白一直都在服食菖蒲,《嵩山采菖蒲者》诗曰:"神仙多古貌,双耳下垂肩。嵩岳逢汉武,疑是九疑仙。我来采菖蒲,服食可延年。言终忽不见,灭影入云烟。喻帝竟莫悟,终归茂陵田。"并叮嘱朋友:"尔去掇仙草,菖蒲花紫茸。岁晚或相访,青天骑白龙。"(《送杨山人归嵩山》)他还曾服食朱实,《天台晓望》诗曰:"攀条采朱实,服药炼金骨。"朱实与菖蒲类同,均为植物类药物。

(四)仙道胜景的诗文表现

李白从青年时期就常入名山探访仙道,和隐者、道士们一起修炼,谈仙论道,长时期的熏陶,自然也就使李白潜生一种超世的气质,司马承祯说他有"仙风道骨",贺知章一见他就称他为"谪仙人",杜甫也说他有"仙骨"。这种仙人气质也进入了他的诗歌创作中,体现出仙道之潇洒飘逸的意境。

李白的诗歌充满仙风道气,充满浓重的浪漫主义色彩。

李白在追求"道境"的同时,拼命地想象着人倏忽变化成仙、一刹那进入仙界的美妙天地,"仙人"形象成为他超世精神的象征。泰山为五岳之首,在道教中有极为重要的地位。天宝元年(742),李白游泰山并作《游泰山》六首,其一曰:

洞门闭石扇,地底兴云雷。登高望蓬瀛,想象金银台。

天门一长啸,万里清风来。玉女四五人,飘飘下九垓。

含笑引素手,遗我流霞杯。稽首再拜之,自愧非仙才。

旷然小宇宙,弃世何悠哉。

在这首诗中,李白想象玉女从金银台降临而给他流霞杯的场面,"流霞"表示太阳光线的精华,"金银台"指上清金阙帝君的金阙宫。据道书记载:金阙宫"内有清精玉芝流霞之泉……阙下则有青龙白虎,处在左右,天兽巨虬备卫玉阙。玉童玉女各三百人,散香其间。阙上有九层金台"(《洞真上清青要紫书金根众经》)。李白所想象的,是玉女把上清金阙宫门内的流霞泉水打过来交给他。诗中将初升的太阳之光比喻成玉女带来的流霞,玉女们出来的地方有金台,金台下有流霞出来的清泉,李白把这些都想象成很具体的物质存在。《早望海霞边》中说:"一餐咽琼液,五内发金沙。举手何所待,青龙白虎车。"诗人奇特地想象着仙人的生活,并将这种生活具象化,幻想自己已经成为仙人中的一员,早饮琼液,发金沙,乘青龙白虎车。

《梦游天姥吟留别》是李白诗歌的代表作,更是他道诗的代表作。天姥山是构成道教"仙都"氛围的重要山峰,司马承祯《天地宫府图》将其列为第十六福地,道教中人认为登上此山可以听到天姥的歌谣之声,姥者,一解为母,即西王母。李白对这样的道教圣地是十分向往的,他在山东寓居之时,曾梦中前往游览天姥山。诗人乘着月光,飞越剡溪,"脚著谢公屐,身登青云梯",很快就看到了天姥山的仙境:"云青青兮欲雨,水澹澹兮生烟。列缺霹雳,丘峦崩摧。洞天石扉,訇然中开。青冥浩荡不见底,日月照耀金银台。"他想象加入神仙的行列携手同游:"霓为衣兮风为马,云之君兮纷纷而来下。虎鼓瑟兮鸾回车,仙之人兮列如麻。"在《梦游天姥吟留别》里,李白把人间和仙境结合在一起,意境奇妙虚幻,道教中的天宫楼阙、各类女仙、仙家侍从和仙境中的日月云彩,都进入了他的世界。

李白不是把传说中的神仙神秘化,而是将其人格化。《西岳云台歌送丹丘子》一诗描写了李白对丹丘生神仙生活的玄想:"明星玉女备洒扫,麻姑搔背指爪轻。我皇手把天地户,丹丘谈天与天语。"诗中居住在华山的天仙为丹丘生洒扫屋宇,掷米成珠的仙人麻姑也为他搔背止痒。李白的诗以老子天道自然和庄子齐物论思想为指归,也将自然事物人格化。《日出入行》诗曰:"草不谢荣于春风,木不怨落于秋天。谁挥鞭策驱四运,万物兴歇皆自然。""吾将囊括大块,浩然与溟涬同科。"塑造了一个"天地与我并生,而万物与我为一"的自我形象。葛洪在《抱朴子·登涉》中说:"山无大小,皆有神灵。"李白相信万物有灵,《独坐敬亭山》诗曰:"众鸟高飞尽,孤云独坐闲。

相看两不厌,唯有敬亭山。"在他眼里,敬亭山和自己同处大自然中,同样是有灵性的,大山、飞鸟、浮云与诗人自己真正做到"物我齐一",达到人与物化、物与神游的特殊境界。

李白是盛唐时期伟大的诗人,他的诗作流传千古。在盛唐那种开放的文化政策下,各种思想相互碰撞。从李白的大量作品来看,道教对他的影响尤为深刻。他在盛唐的时代风潮中,积极吸收了丰富多彩的道教思想资源,并融入了他的生命实践之中,以其谪仙般的才华,把浪漫主义推向了顶峰。

六、对家庭的亏欠

李白一生都在不停地奔走,重视求官,轻别离,对家庭很少顾及,对子女很少照顾,可以说他是一个不爱回家的男人,也是四个女人爱上一个不回家的人。

(一)求取功名长奔波

寻找政治机遇,实现政治抱负是李白一生的追求。他离开妻子儿女,至渝州、安陆、长安、东鲁、洛阳、梁宋、幽州、金陵、荆州等,不断写信介绍自己,不断拜访各级官员,请他们推荐自己。《秋浦寄内》《自代内赠》表明李白一方面为寻求仕途而奔忙,无暇回家;另一方面也因长期与妻子分离担心妻子埋怨而内心愧疚。

李白辞别家人时,会面临"出门妻子强牵衣,问我西行几日归","呼童烹鸡酌白酒,儿女嬉笑牵人衣"的场景。尽管妻子"翡翠为楼金作梯,谁人独宿倚门啼?夜坐寒灯连晓月,行行泪尽楚关西",但李白为了自己的政治前途,毅然"仰天大笑出门去",足见其重仕途而轻别离。诗中"儿女嬉笑牵人衣",说明孩子年龄太小,不懂得父亲为什么经常要出门。而一个"强牵衣",说明除了宗氏认为当前形势不明朗,对丈夫前途担忧外,更重要的是希望丈夫能留下来多陪陪自己和孩子,少些分离,多些团圆。

(二)游览名山忘家归

根据李白的诗文,可见他游历过18个省,总共到过206个州县,登过80多座山,游览过60多条江河川溪和20多个湖潭。我国现有34个省级行政区,李白就走了过半,他一生旅游的行程已远超过了25000里,而且都是在交通不发达和工具不先进的情况下,以骑马或行船,甚至是步行走出来的,其艰苦程度可想而知。说李白是中国最大的旅游家,这是一点也不夸张的。李白的一生,几乎都是在游历中度过的。他平生的漫游行踪大致可分为三个漫游圈,两条漫游主线,三个漫游圈是巴蜀游历圈、越中游历圈和皖南游历圈;两条漫游主线是长江流域游历线和黄河流域游历线。他游历过江夏、南京、吴越、武汉、梁宋、济州、东鲁、广陵、洛阳等地;到过庐山、天姥山、天台山等山。

(三)寻仙访道望碧霄

李白是修道之人,追求长生不老,曾在济州接受高如贵天师授予的道箓,经常到名山大川寻访修道高师谈道修仙,采药炼丹,很少顾及家庭。他在诗中写道:"一餐历万岁,何用还故乡。"也就是说,在天宫吃上一顿饭,人间已过万年,往日的朋友早已不在人世了,哪里还用得着回故乡?

(四)妻儿离世难辞咎

李白和许氏结婚后,生下了一双儿女,即伯禽和平阳,十年后许氏离世,而女儿平阳出嫁后,也撒手人寰了;与东鲁女子住在一起后,又生下了一个男孩,名颇黎,但李白之后的诗文里再也没有这对母子的消息,应该是离世了。

妻子、儿女的死亡,除了身患疾病之外,与李白有很大关系。

其一,许氏长期思念和担忧着丈夫,加上照顾子女的沉重负担,最终积劳成疾,恋恋不舍地离开了尚未成年的两个孩子;东鲁女子,除了照顾颇黎外,可能还要照顾伯禽和平阳,家庭负担会更重,估计也是积劳成疾,早早离开了人世。

其二,女儿平阳、儿子颇黎,估计少时就身体不好,长期见不到父亲,有病也得不到及时医治,故平阳既嫁而亡,颇黎也不知所终。

(五)子不教育父之过

李白在《上安州裴长史书》中叙述自己五岁开始诵读六甲,十岁开始阅读诸子百家之书。对从始祖轩辕一直到现在的事,都十分了解。常常废寝忘食,连睡觉都枕着书,不知疲倦地写作,到现在已经有三十年了……"我"的同乡司马相如著文谈及云梦大泽,所以特意跑来观看。

从李白的自述中可以看出,他不仅聪明过人,而且对知识孜孜以求,正因为如此,他的诗文成为唐朝的一座高峰。

但李白的三个子女文化素养却不高,范传正《唐左拾遗翰林学士李公新墓碑并序》云:"公之孙女搜于箱箧中,得公之亡子伯禽手疏十数行,纸坏字缺,不能详备。"意思是说,李白的儿子伯禽在记述族谱时只有寥寥十几行字,写的内容也不够详细,说明李白的才华没有遗传给儿子伯禽,伯禽长大后也没有得到良好的教育,伯禽的儿子也学其祖父出外漫游十几年没有消息,两个女儿嫁给了当地的农民,李白的后代都成了普通人。

诗仙李白在文学史上的成就和地位首屈一指,自不待言,但是这位大诗人的儿女们没有一个留下一诗一文,这是一代伟大浪漫主义诗人的悲哀之处。有人说,世间最令人叹息的事莫过于英雄末路、美人迟暮。其实还得加上一条,那就是祖先声名显赫,后代却寂寂无闻。

李白对子女关心教育不够,他也承认自己没有尽到做父亲的责任,经常有愧疚感,每每想到,不觉泪如泉涌,他在《送杨燕之东鲁》中写道:"二子鲁门东,别来已经年。因君此中去,不觉泪如泉。"《寄东鲁二稚子》诗云:"此树我所种,别来向三年。桃今与楼齐,我行尚未旋。娇女字平阳,折花倚桃边。折花不见我,泪下如流泉。小儿名伯禽,与姊亦并肩。双行桃树下,抚背复谁怜?"

孩子正需要父亲陪伴的时候,李白却离开他们出外漫游,他的这一做法严重影响了孩子的成长,给失去母亲的伯禽心里留下了阴影。李白一走就是三年，三年不见儿子，心中也常常挂念，他在《送萧三十一之鲁中，兼问稚子伯禽》中写道："我家寄在沙丘傍，三年不归空断肠。"他经常在孤独时想起儿子伯禽，猜想伯禽应该长高了，可以驾小车、骑白羊了。

送萧三十一之鲁中，兼问稚子伯禽

六月南风吹白沙，吴牛喘月气成霞。

水国郁蒸不可处，时炎道远无行车。

夫子如何涉江路？云帆袅袅金陵去。

高堂倚门望伯鱼，鲁中正是趋庭处。

我家寄在沙丘傍，三年不归空断肠。

君行既识伯禽子，应驾小车骑白羊。

伯禽在别人的照顾下，慢慢长大成人了。那么，伯禽长大后去了哪里？是否陪伴在李白身边呢？

乾元二年（759），李白流放途中遇赦回到江夏，他在《门有车马客行》中提到"呼儿扫中堂，坐客论悲辛"。意思就是让儿子打扫院落和中堂，便于和客人说话。这个儿子或许就是伯禽。

761年，李白在《游谢氏山亭》一诗中同样提到"醉罢弄归月，遥欣稚子迎"。意思是说，大醉之后趁着月色回家，老远就看到儿子在家门口等"我"，十分欣慰。可见在李白去世前伯禽一直都在身边陪伴他。

宝应元年（762），李白病逝于安徽当涂族叔李阳冰家中，享年六十二岁,葬于当涂龙山。

李白去世后,伯禽就在当涂定居,并在此娶妻生子。贞元八年(792),即李白去世三十年之后,伯禽也去世了。

李白去世五十多年后,时任宣、歙、池等州观察使的范传正在读父亲范伦留下的诗文时,发现其中曾提到李白与其父交好并夜宴的事。于是,范传正寻访李白后人,经过三四年打探找寻,最后在当涂找到了李白的两个孙女。她们翻箱倒柜,仅找出了几张残破不全的纸张,上面有李伯禽留下的十几行潦草的记录家族之事的文字。虽有缺失,但也十分珍贵,为范传正重新撰写墓志提供了重要依据。他在《唐左拾遗翰林学士李公新墓碑并序》中写道:

> 传正共生唐代,甲子相悬,常于先大夫文字中,见与公有浔阳夜宴诗,则知与公有通家之旧。早于人间得公遗篇逸句,吟咏在口。无何,叨蒙恩奖,廉问宣、池。按图得公之坟墓,在当涂邑。因令禁樵采,备洒扫,访公之子孙,将申慰荐。凡三四年,乃获孙女二人。

伯禽育有一子二女。据范传正记载,伯禽于贞元八年(792)不禄而卒,伯禽之子出游十二年,不知所终,伯禽的两个女儿分别嫁给了当地的农民。

伯禽的两个女儿虽然衣着很朴素,但进退有度,彬彬有礼,从她们身上可以看到李白儒雅的影子。范传正记载:"因召至郡庭,相见与语,衣服村落,形容朴野,而进退闲雅,应对详谛,且祖德如在,儒风宛然。"

范传正问李白的两个孙女有什么要求，她们说：祖父去世后埋葬在当涂县的龙山。但是，祖父生前希望自己葬于当涂县的另外一座山——青山。青山是他非常仰慕的南朝诗人谢朓读书、交友、居住过的地方，希望能够把他迁葬到青山。清初诗人、文学家、诗词理论家王士禛曾说李白"一生低首谢宣城"，于是范传正就满足了李白的生前愿望，和当涂县令诸葛纵一起于817年1月23日将李白迁葬到青山脚下。

李阳冰深知李白喜爱青山，为什么不把他葬于青山，而是葬在了龙山呢？《草堂集序》记载："临当挂冠，公又疾亟。"意思是说，在李阳冰即将卸任县令一职时，李白得了重病，不久就去世了。由此可以确定，李白去世时李阳冰已不再是县令，他已无法将李白葬于青山，故有后来范传正迁葬之事。

范传正回想起李白当年是何等豪气，看到李白的两个孙女生活得如此清苦，就想帮她们改变一下生活境况。

"因告二女，将改适于士族。"他劝李白的两个孙女改嫁给当地士族，以改善目前的困顿生活。李白的两个孙女均不答应，"皆曰：夫妻之道命也，亦分也。在孤穷既失身于下俚，仗威力乃求援于他门。生纵偷安，死何面目见大父于地下？欲败其类，所不忍闻"。她们明确告诉眼前的范大人：夫妻之间的姻缘是上天决定的，我们在贫穷的时候不得已嫁给了农民，现在怎么能依仗大人的权势离开他们。我们活着时若苟且偷安，死后又有什么脸面见地下的爷爷呢？像这样侮辱祖先的做法，我们听都没听说过。

听到李白两个孙女的回答后,范传正感叹道:"余亦嘉之,不夺其志,复井税免徭役而已。"

李白身故多年后,唐文宗向全国诏书御封"李白诗歌""裴旻剑舞""张旭草书"为"唐代三绝"。

唐武宗会昌三年(843),也就是在李白去世八十多年以后,一个叫裴敬的文人来祭奠李白。裴敬的祖父裴旻剑术很高,李白很仰慕裴旻,一直想跟着裴旻学舞剑,因此裴敬特意到当涂来拜谒李白的墓碑。他看到这个墓至少五六年没有人来打扫了,周围长满了蒿草,据此推测李白的两个孙女可能也已经去世了。

唐德宗贞元十五年(799),二十八岁的白居易来到宣州凭吊李白,写下了《李白墓》这首诗。白居易所见的,当是未迁葬时的旧墓,"坟高三尺,日益摧圮(倒塌之意)"。

> 采石江边李白坟,绕田无限草连云。
>
> 可怜荒垄穷泉骨,曾有惊天动地文。
>
> 但是诗人多薄命,就中沦落不过君。

这首诗的意思是:李白的坟就在采石江边,坟地周围的野草向着天边肆意蔓延。可悲的是这荒坟深穴中的枯骨,当他还在人世时,曾经写下惊天动地的诗文。但凡是杰出的诗人,大都命运多舛,可又有哪一个诗人的命运,像李白一般坎坷悲惨?

李白到底是什么样的人?他自己说是大鹏、是道士、是剑客,妻子说是丈夫,孩子说是父亲,他人说是诗人、是酒仙。

他胸怀宏大志向,总想实现跨越式发展,成为宰相,做帝王师,矢志不渝,做到了生命不息、追求不止,一息尚存、决不罢休,然而最终没有实现远大的政治抱负。

他信奉道教,是一位有文凭的道士,炼丹,服食丹药,追求长生不老,一心要飞到天上去,位列仙班,最终也没有实现成仙的目标。

他是剑客,身轻如燕,剑指如风,"杀人如剪草,剧孟同游遨",最后却缠绵病榻。

他是丈夫,却常常抛妻远游四方,钟情于山水,"脚著谢公屐,身登青云梯,半壁见海日,空中闻天鸡"。"出门妻子强牵衣,问我西行几日归?"独守闺房,终日思念丈夫又担心丈夫的妻子,也只能说:"君如天上月,不肯一回照。"

他是父亲,自己的诗文豪情万丈、纵贯寰宇,可子女却得不到关爱,也没有接受良好的教育,长期寄养在东鲁地区,最终沦落为平民,过着朝不保夕的日子。

他视金钱如粪土,义侠万方,"千金散尽还复来",最后却不得不投靠亲友度日。

他豪放饮酒,借酒浇愁,"三百六十日,日日醉如泥",最后落得"抽刀断水水更流,借酒浇愁愁更愁"。

李白的一生是悲哀的、悲凉的,一代诗仙在那个时代却落得一个可悲的下场,让人扼腕叹息。

李白终究是人,不是神。他自喻大鹏,翱翔于九霄云外,但大鹏总有劳累的时候,也有终老的那一天,他再也飞不动了。

宝应元年（762），李白在李阳冰家中离开了人世。离世前，他曾作《临路歌》：

> 大鹏飞兮振八裔，中天摧兮力不济。
>
> 余风激兮万世，游扶桑兮挂左袂。
>
> 后人得之传此，仲尼亡兮谁为出涕。

在诗中，他担忧地告诉李阳冰，仲尼已亡，还有谁会像他当年为麒麟痛哭那样为大鹏的夭折而伤心哭泣呢？诗人常以大鹏自比，亦是在慨叹自己的一生。

关于仲尼，其实唐玄宗曾专门到曲阜拜祭孔子，并作诗以纪念。

经邹鲁祭孔子而叹之

> 夫子何为者，栖栖一代中。地犹鄹氏邑，宅即鲁王宫。
>
> 叹凤嗟身否，伤麟怨道穷。今看两楹奠，当与梦时同。

唐玄宗告诉孔子：你一生劳碌奔波，究竟想做什么呢？这里还是你诞生时的鄹氏邑，不过后来改作了鲁恭王的宅院。你曾感叹凤凰不至，感慨自己生不逢时；又曾哀叹麒麟被捕，伤怀自己的学说难以推行。你一生都不如意，如今，人们在你的灵前，顶礼祭奠，正如你生前梦境中所见的一样，想必你也得到慰藉了吧！

2023 年 3 月 25 日，为了写作《品读李白》这本书，笔者和几位李白诗歌爱好者来到了安徽省当涂县拜谒这位浪漫主义诗歌巨匠。进入李白墓园，只见墓碑两旁摆放着品种不一、高高低低的空酒瓶，来自全国各地的人都把携带的美酒洒在墓碑周围，空气中始终弥漫着醇酒的味道，让长眠于此的诗仙永远都能闻到美酒的醇香，笔者由此写下了这首古体诗《吊太白》：

> 当涂太白园，坐落大青山。
>
> 流水诉故事，古木刺云天。
>
> 仰望谢朓亭，推崇诗五言。
>
> 动地浪漫文，泣鬼永颂传。
>
> 翰林长眠地，凭吊络绎间。
>
> 绕环圈三后，酒洒墓冢前。
>
> 诗仙若有知，应足临终愿。

第八章　诗成笑傲凌沧州

　　《唐诗三百首》收录了七十七家诗,共三百一十一首,其中李白的诗作二十七首。李白一生创作了大量的诗歌作品,这些熠熠生辉的诗作,勾勒了他一生的心路历程,是盛唐社会现实和精神生活面貌的艺术写照。李白诗作中极度的夸张、贴切的比喻和惊人的幻想,让人感到高度真实,他常将想象、夸张、比喻、拟人等手法综合运用,从而营造奇光异彩、瑰丽动人的意境,这就是李白的浪漫主义诗作给人以豪迈奔放、飘逸若仙之感的原因所在。

　　那么,后人对李白的诗文是怎样评价的呢?

一、新旧唐书的评价:婉丽精切无留思,帝颇嘉之

　　《旧唐书》对李白的评价是:"召入,以水洒面,即令秉笔,顷之成十余章,帝颇嘉之。"

《新唐书》对李白的评价是："帝坐沉香亭子,意有所感,欲得白为乐章;召入,而白已醉,左右以水靧面,稍解,援笔成文,婉丽精切无留思。"

二、唐代人的评价:清新庾开府,俊逸鲍参军

贺知章对李白的评价是："知章见其文,叹曰:子,谪仙人也!"

杜甫对李白的评价是："笔落惊风雨,诗成泣鬼神。""清新庾开府,俊逸鲍参军。""李白一斗诗百篇,长安市上酒家眠。"

李阳冰在《草堂集序》中云："至公大变,扫地并尽;今古文集,遏而不行。唯公文章,横被六合,可谓力敌造化欤。"

范传正在《唐左拾遗翰林学士李公新墓碑并序》中写道:"晋有七贤,唐称八仙。应彼星象,公一焉。晦以曲蘖,畅于文篇。万象奔走乎笔端,万虑泯灭乎樽前。"

魏颢在《李翰林集序》中这样评价李白:"白与古人争长,三字九言,鬼出神入。"

刘全白在《唐故翰林学士李君碣记》中评价说:李白"善赋诗,才调逸迈,往往兴会属词,恐古人之善诗者亦不逮,尤工古歌"。

韩愈在《调张籍》一诗中写道:"李杜文章在,光焰万丈长。"

白居易在《与元九书》中评价道:"又诗之豪者,世称李、杜。李之作,才矣! 奇矣! 人不逮矣! 索其风雅比兴,十无一焉。"

唐文宗御封"李白诗歌""裴旻剑舞""张旭草书"为"唐代三绝"。

晚唐诗人皮日休说:"言出天地外,思出鬼神表,读之则神驰八极,测之则心怀四溟,磊磊落落,真非世间语者,有李太白。"

三、宋代人的评价:白之歌诗豪放飘逸,人固莫及

北宋丞相、文学家王安石评价道:"白之歌诗豪放飘逸,人固莫及。然其格止于此而已,不知变也。至于甫,则悲欢穷泰,发敛抑扬,疾徐纵横,无施不可……此甫之所以光掩前人,而后来无继也。"又言:"李白诗词迅快,无疏脱处,然其识污下,十句九句言妇人、酒耳。"

北宋文学家、词人苏轼在《书黄子思诗集后》中评价李白的诗歌:"李太白、杜子美以英玮绝世之姿,凌跨百代,古今诗人尽废。然魏、晋以来,高风绝尘亦少衰矣。"

南宋儒学家、理学家朱熹对李白的评价是:"李太白始终学《选》诗,所以好。"《文选》是唐代及其后文士们文学创作的艺术渊薮,阅读《文选》也就成了大家学习前代文学作品的必经阶段。朱熹认为李白"始终"学《选》诗,并继而评价其诗"所以好"。其中,"始终"具备"自始至终、一直"和"归根结底、根本上"的双重含义。同时,他基于复古立场对李白诗歌做出的"所以好"的评论,又因其"道文一贯"的学术思想而带有强烈的道学色彩。

南宋豪放派词人辛弃疾在《忆李白》中对李白的评价是:

"当年宫殿赋昭阳,岂信人间过夜郎。明月入江依旧好,青山埋骨至今香。不寻饭颗山头伴,却趁汨罗江上狂。定要骑鲸归汗漫,故来濯足戏沧浪。"

南宋诗人陆游在《赵秘阁文集序》中言:李白"落笔妙古今,冠冕百世"。

南宋诗论家、诗人严羽在《沧浪诗话》中评述道:"李、杜二公,正不当优劣。太白有一二妙处,子美不能道;子美有一二妙处,太白不能作。子美不能为太白之飘逸,太白不能为子美之沉郁。太白《梦游天姥吟》《远别离》等,子美不能道。子美《北征》《兵车行》《垂老别》等,太白不能作。论诗以李、杜为准,挟天子以令诸侯也。少陵诗法如孙吴,太白诗法如李广。"

南宋诗人、词人、道学家吕本中对李白的评价为:"唐自李、杜之出,焜耀一世,后之言诗者,皆莫能及。"

四、元代人的评价:太白天才放逸,故其诗自为一体

"以能诗名中国,以能使名远夷"的元代广州路儒学教授傅若金评论曰:"太白天才放逸,故其诗自为一体。子美学优才赡,故其诗兼备众体,而述纲常系风化为多,三百篇以后之诗,子美集大成也。"

五、明代人的评价:李太白为古今诗圣

明代翰林院修撰杨升庵对李白的评价是:"李太白为古今诗圣。"

265

明代文学家、史学家王世贞对李白的评价是："五七言绝句，李青莲、王龙标最称擅场，为有唐绝唱。少陵虽工力悉敌，风韵殊不逮也。"

明代"闽中十才子"之一、翰林待诏高棅对李白的评价是："太白天仙之词，语多率然而成者，故乐府歌词咸善。或谓其始以《蜀道难》一篇见赏于知音，为明主所爱重，此岂浅材者微幸际其时而驰骋哉！不然也。白之所蕴，非止是。今观其《远别离》《长相思》《乌栖曲》《鸣皋歌》《梁园吟》《天姥吟》《庐山谣》等作，长篇短韵，驱驾气势，殆与《南山》秋色争高可也。虽少陵犹有让焉，余子琐琐矣。"

六、清代皇帝的评价：赞赏李白诗作之"奇"与"狂"

乾隆皇帝下诏编撰的《唐宋诗醇》对李白诗作之"奇"与"狂"大加赞赏。

七、毛泽东的评价：文采奇异，气势磅礴，有脱俗之气

毛泽东在谈到李白的诗文时评价道："李白的诗是登峰造极的，他是空前绝后的不朽的艺术家。中国至今没有超过李白、杜甫的诗才。"

20世纪50年代，中共中央召开关于知识分子问题的会议，毛泽东在接见文学艺术界代表杜鹏程时，得知杜鹏程正在宝成铁路工地体验生活，便与他热情交谈起来，还专门提到了李白，说："李白的《蜀道难》就是写的你们现在工作的那些地

方的艰险情景,不过'蜀道'很快就不'难'啰!"

毛岸英在朝鲜战场上牺牲后,毛泽东一直很关心儿媳刘松林的身体状况。1959 年 8 月,他在百忙之中给刘松林去了一封信,写道:"你身体是不是好些了? 妹妹考了学校没有? 我还算好,比在北京时好些。登高壮观天地间,大江茫茫去不还。黄云万里动风色,白波九道流雪山。这是李白的几句诗。你愁闷时可以看点古典文学,可起消愁破闷的作用。久不见甚念。"

1975 年,毛泽东与芦荻谈话时说:"李白的《蜀道难》写得很好,有人从思想方面作各种猜测,以便提高评价,其实不必,不要管那些纷纭聚讼,这首诗主要是艺术性很高,谁能写得像他那样淋漓尽致呀,它把人带进祖国壮丽险峻的山川之中,把人带进神奇优美的神话世界,使人们仿佛也到了'难于上青天'的蜀道上面了。"

1983 年第 12 期《瞭望》杂志发表了毛岸青和邵华的署名文章《回忆爸爸勤奋读书和练习书法》,文中两人深情回忆了与毛泽东相处时的点点滴滴,并回忆起了毛泽东评价李白的话:"文采奇异,气势磅礴,有脱俗之气。"这句话,就是毛泽东对李白的高度评价。

八、当代学者的评价:执唐诗牛耳者,唯李、杜二人也

著名学者、画家、鉴藏家黄锦祥对李白的评价是:"执唐诗牛耳者,唯李、杜二人也!"

著名诗人余光中这样评价李白："酒入愁肠，七分化作月光，余下三分呼为剑气，绣口一吐，就是半个盛唐。"这就是李白诗文的精神内核。

如果没有李白，说爱情就没有"青梅竹马"，说童年就没有"刻骨铭心"，说享受就没有"天伦之乐"，说豪情就没有"一掷千金"，"浮生若梦""扬眉吐气""仙风道骨"这些词也都不存在，蚍蜉撼树、妙笔生花、惊天动地，也都不见了踪迹。

如果没有李白，我们的生活就会失去很多鼓励，犯了难时说不了"长风破浪会有时"，想辞职时说不了"我辈岂是蓬蒿人"，逆境时说不了"天生我材必有用"，生意赔了时说不了"千金散尽还复来"，更不要说"大鹏一日同风起，扶摇直上九万里"。

如果没有李白，神州大地就会变得模糊起来，庐山瀑布有多高？黄河之水哪里来？桃花潭水有多深？燕山雪花有多大？蜀道究竟有多难？黄鹤楼、白帝城、洞庭湖名气都要略降一格，峨眉山、黄山、天姥山、天台山的风景也都会黯然失色。

岁月总无痕，季节悄陡转。曾经的喧嚣与繁华，已被历史荡涤得支离破碎，但名山大川、古迹胜景、诗词歌赋却穿梭在朝代的更迭中，以其独特魅力，为世人描绘着一幅悠远而绵长的画卷……

"莫愁前路无知己，天下谁人不识君。"现在可以告慰李白的是，虽然仕途不顺，但是你的诗作代代流传，诗名誉满天下，一代又一代的文人墨客和仰慕你的人，都不约而同地去拜谒和凭吊你这位伟大的浪漫主义诗人。

朋友们，当你们读到"兴酣落笔摇五岳，诗成笑傲凌沧州"这样的诗句时，难道没有"笔落惊风雨，诗成泣鬼神"的感觉吗？

"清水出芙蓉，天然去雕饰。"李白这位唐代伟大的浪漫主义诗人创作的诗歌已经融入中华民族的血脉中，无论过去、现在还是将来，他和他的诗歌、文章都会在中华优秀传统文化的璀璨星空中熠熠生辉，永远接受着世界各地爱好中国优秀传统文化的人们的凭吊、拜谒和无限景仰。

参考文献

1.(唐)李华:《故翰林学士李君墓志》。

2.(唐)刘全白:《唐故翰林学士李君碣记》。

3.(唐)魏颢:《李翰林集序》。

4.(唐)李阳冰:《草堂集序》。

5.(唐)范传正:《唐左拾遗翰林学士李公新墓碑并序》。

6.(唐)裴敬:《李白翰林学士李公墓碑》。

7.(后晋)刘昫等撰:《旧唐书》,中华书局 1975 年版。

8.(北宋)欧阳修、宋祁等撰:《新唐书》,中华书局 1975 年版。

9.(南宋)洪迈著,王彝主编:《容斋随笔》,北京燕山出版社 1997 年版。

10.(唐)李白:《李太白集》,北京联合出版公司 2017 年版。

11.康震:《康震讲诗仙李白》,中华书局 2018 年版。

12.陈寅恪:《隋唐制度渊源略论稿·唐代政治史述论稿》,译林出版社 2020 年版。

后　记

2021年1月,《品读白居易》一书首次出版,深受广大读者好评。2022年7月,应读者要求,山东大学出版社进行了第2次印刷。

为弘扬中华优秀传统文化,我继续撰写了《品读李白》一书。

李白(701—762),字太白,号青莲居士,唐代伟大的浪漫主义诗人,被后人誉为"诗仙",与杜甫并称为"李杜",有《李太白集》传世。

为了撰写本书,我以《旧唐书》《新唐书》、李阳冰撰《草堂集序》、范传正撰《唐左拾遗翰林学士李公新墓碑并序》、魏颢撰《李翰林集序》、刘全白撰《唐故翰林学士李君墓碣记》等为主要依据,翻阅大量与李白相关的资料,考证有关的人和事,力求品读客观、现实、准确。

为了追寻诗仙足迹，我邀诗文爱好者张功臣、赵广军、王兴生、郭素英等驱车数千里，至安徽省当涂县李白长眠地拜谒这位浪漫主义诗人；登临大青、敬亭二山，沉思眺望，极目远方，听飞鸟啁啾、观彩云飘摇，与诗仙隔空不厌相看；驻足采石矶，观览江水明月，爽抚清风入怀，遐想诗仙放歌乘舟；泛舟桃花潭，荡漾碧波，饮酒万家，赏潭岸踏歌，体味人间真情。至湖北安陆李白结束单身处，分享燕尔喜悦，遥思紫烟娇容，感受婚礼盛况，爱怜儿女一双。至天姥、天台，体验"脚著谢公屐，身登青云梯。半壁见海日，空中闻天鸡"之感受，寻白鹿于青崖，骑访如麻仙人，驾鸾回车金银台。至东鲁合刘处，因已越千年，遗迹仅古籍有记。至梁园寻壁，同东鲁无异，怅然若失。至庐山观瀑布，挂壁直下，飞流雪滚，彩虹映照……脚踏"诗仙"足迹，丈量行进路径，探寻诗仙迷雾，感悟诗文仙境，灵感大开，文思泉涌，一发不可收也……

写作本书时，我不拘泥于诗文释义，而是跳出诗文本身，抓住写作背景之关键，详尽叙述了李白一生的故事，照镜汲取，正向驱动。既有诗文品读，又有感慨议论；既有提炼总结，又有学术探寻；既有传说故事，又有辨析论证。可谓内容详细，结构精巧，布局得体，重点突出，言简意赅，分析有据。

为写好本书，我参阅了众多资料，观看了相关影视剧，并借鉴了一些专家学者研究之成果、评述，在此一并深表谢意。

我专赴北京拜访了中国李白研究会常务理事、《李白学刊》副主编、中国唐代文学学会理事陶新民教授，请托作序。

陶老先生翻阅拙作,欣然应允,感佩之至,永存于心。

在撰写的过程中,姬静女士参与起草了本书的部分章节,并同高国庆、曹慧芳、张艳平、杨卫红等对整本书进行了很有价值的修改,对部分段落进行了字斟句酌式的订正;另外,我还与张功臣、赵广军、王兴生、郭素英等沿着李白的足迹,边游边论,边论边思,为撰写初稿打开了思路。可以说本书是集体智慧的结晶。

另外,文学爱好者李金亮、李志轩对本书初稿也提出了一些修改意见,在此一并感谢。

本书虽数易其稿,日夜修剪,但仍有诸多缺憾,更鉴于水平所限,阅历尚浅,错误疏漏之处在所难免,敬请读者批评指正!

祁万青

2023 年夏